懐かしい未来

オデッセイ思考

谷口正次 MASATSUGU TANIGUCHI

東洋経済新報社

過去がその光を未来に投げかけるのを止めたので、
人々の精神は暗がりのなかを彷徨っている

――アレクシ・ド・トクヴィル

はじめに

遠い「過去」には、忘れられてしまっているけれど興味深くて面白いことがたくさんあります。それだけではなく、現代に生きるわたしたちにも、未来世代の人たちにも役立ちそうなことが多いのです。

日本人はもともと過去の古いこと、古いものが好きだったようです。明治初期に日本にやってきたお雇い外国人の一人として東大教授を務め、大森貝塚を発見したことで有名なアメリカ人の動物学者エドワード・モースは、古いことや古いものが好きな日本人が多いことから、そのような人を「好古家」と呼びました。筆者はその「好古家」を自称するほど、古いこと、古いものが生来とても好きなのです。

明治政府は欧米列強に伍して、「富国強兵」、「殖産興業」を掲げ、そのための脱亜・入欧政策を進めて近代化を急ぎました。その結果、価値観が古いものから新しいものにどんどん移っていきました。それに追い打ちをかけるように、太平洋戦争後アメリカの占領政策で劣悪な物質文明と風俗が押し寄せ、日本の文化・伝統は未開で野蛮であり、諸制度は封建的で世界の先進国から遅れていると、国民は初等教育から徹底的に叩き込まれました。筆者もその教育を受けた一人です。いまでは温故知新などと語ろうものなら、古い考えだと一笑される始末。「過去」と「未来」に対するバランス感覚がいかにも悪くなりました。

現代では、「過去」は過ぎ去ったなんの価値もないものとされ、なんでも新しいもの、新しいこと、そして若いことに価値がある世の中になってしまいました。そこに現代人の思い違い、いや思い上がりを感じるのは筆者だけでしょうか。それはキリスト教の人間中心主義と西洋合理主義による近代化とグローバリゼーションの結果です。経済成長至上主義のもと、消費拡大のため過剰消費を煽るコマーシャリズムによって、人々にいつしかそのような価値観が刷り込まれてしまったのでしょう。

過去を切り捨て忘れ去って、混沌とした状態の真っ暗闇のような「未来」にどうやって進むのでしょうか。過去に感謝し、未来に責任を持って現在を生きなければならない時、現在の繁栄のために未来を踏み台にし、孫やひ孫たち未来世代の権利を奪っている無責任は許されません。過去からの命の連鎖を未来につなげなければならないのに、過去を抹殺して人類の未来はあるのでしょうか？

そこで、「過去」と「未来」とは何なのかについて調べ、考え直してみました。そして、一好古家としての好奇心の赴くままに、興味本位にではありますが「ときの忘れもの」と題して、脈絡もなく、序章と終章を除いて20点ほど拾い集めてみました。その「忘れもの」から「バック・トゥ・ザ・フューチャー」してみましょう。それによって「過去と未来の間《はざま》」で現在をよりよく生きるための思考にすこしでも参考になれば、好古家も無価値ではないのでは、と思って筆をとった次第です。

ホモサピエンス20万年の歴史（過去）に蓄積された、バック・トゥ・ザ・フューチャーしたい、人類共通の普遍的な宝物は無限にあります。本書で紹介するたった20点では、あまりに少なすぎます。そこで、とりあえず本書はＰＡＲＴ１と位置づけました。

なお、20点の「忘れもの」は時代の古い順とか、テーマ別といった並べ方をしていません。そのため、序章と終章以外は順番にお読みいただかなくてもよく、面白そうだと思ったところから拾い読みしていただければ結構です。

傘寿を迎えて

目次

序章 「過去」は前方にあり、「未来」は背後から迫る

――時の流れは後方から前方へ

現代人の思い違い

辞書（『新世紀ビジュアル大辞典』）によると「過去」とは、「過ぎ去った時。現在より以前の時点。この世に生まれる以前の世。前世。過ぎ去った動作・状態を表現する語法」とあり、英語で the past です。そして「未来」とは、「過去・現在に続いてこれから来る時。将来。（仏教では）死後の世。あの世。来世」とあり、英語で the future と記します。こんなことは、いまさら辞書を引くまでもないことなのに、わ

ざわざ引用したのは、現代人は「過去」と「未来」について、思い違い、辞書の読み違いをしているのではないかと考えはじめたからです。

人に、「『過去』と『未来』は現在を中心として時間的・空間的に目線の前方か背後か、どちらの方向にあるでしょうか?」と問うたとします。あたり前のこととして、「過去」は時間的・空間的に背後・後方(behind, backward)に過ぎ去り、「未来」は前方(forward, in front)に広がると答えが返ってくるでしょう。したがって、前方の「未来の扉を開く」とか「未来を切り開く」、あるいは「未来を創造する」といった表現がされるのだと思います。

しかし、前記の辞書の説明では「過去」と「未来」が前方か後方かは判然としません。真逆に解釈することもできるのです。なぜなら「過去」が過ぎ去った方向について、また、「未来」についても、現在に続いてこれからどっちの方向からくるのかについて説明はないからです。

かくいう筆者も最近まで大方の人と同じ認識で、何の疑問も持ちませんでした。しかし、どうやら真逆に考えたほうが正しいのではないかと

*1　堀田善衞のエッセイ
『未来からの挨拶』（筑摩書房、1995、p.201）「未来からの挨拶―Back to the Future―」

はたと気がついた次第です。目から鱗が落ちたようなショックでした。
そのきっかけは、最近になってアメリカのSF映画『バック・トゥ・ザ・フューチャー（Back to the Future）』を観たことです。映画の発想がどうやら古代ギリシャの叙事詩、ホメロスの『オデッセイ（Odyssey）』からきているということを堀田善衞のエッセイ[*1]から知り、さっそく『オデッセイ』を読むとともに、ギリシャ語辞典（希・英）と、ギリシャ時代の「過去」と、「未来」に関するドイツの比較言語学雑誌の論文を調べてみました。

ちなみに『バック・トゥ・ザ・フューチャー』シリーズのあらすじは次のとおりです。１９８５年の西部のある町に生きる一人の若者がドクと呼ばれる発明家がつくったタイム・マシン（次元転移装置）に乗って、若者がまだ生まれていない同じ町の30年前、両親が結婚する以前の過去である１９５５年を目指してタイム・トラベルした後、１９８５年に舞い戻ります。次いで30年後の２０１５年に行って帰ってきたかと思うと、さらに今度は手違いで同じ町の１００年前、西部劇時代の１８８５年へ飛び、苦労してまた後方にある未来、１９８５年に戻ってくるまでのいわばドタバタ劇、すなわち「バック・トゥ・ザ・フューチャー」です。

『オデッセイ』の場合、トロイ戦争に参加した英雄オデッセイが9年間におよぶ戦いを終えて、妃ペネロプが待つ故郷イタカに凱旋しようとしますが、海神ポセイドンの怒りを買ったため10年間、各地をさまよい苦難の末帰り着きます。息子のテレマコスは父親の消息を訪ねて、20年前（過去）に父親が立ち寄ったと思われるトロイ攻めの戦友たちが帰還した各地に向けて船出し、父親の過去を辿って生死を確かめるため情報収集し、オデッセイのイタカ帰還に相前後して帰り着きます。バック・トゥ・ザ・フューチャーです。

古代ギリシャ時代の「過去」と「未来」

『オデッセイ』を読み、ギリシャ語の辞書を調べてみて、古代ギリシャ

*2 日本語版
ホメロス『オデュッセイア』（松平千秋訳、岩波文庫、1994）

*3 英語版
Homer, *The Odyssey*（Mandelbaum訳, University of California Press, 1990 ）
Homer, *The Odyssey*(Albert Cook訳, W. W.NORTON & COMPANY. NY, 1967)
Homer, *The Odyssey*（Anthony Verity訳, Oxford University Press, 2016 ）

*4 独語版
Homers, *Odyssee*（Johann Heinrich Voss訳, E.R.Weitz 編集：ギリシャ語・ドイツ語対訳, Der Tempel.Derlag in Leipzig）

*5 ギリシャ語辞典
Liddell and Scott's, *Greek-English Lexicon*（Oxford University Press, Ely House, London, 1889, 初版第7版）

時代には、「過去は背後にあるのではなく前方（視界に入るところ）にあり、未来は前方ではなく後方（みえない背後）にある」という認識であったことがわかりました。

『オデッセイ』における過去と未来についての記述は、第２歌（１５７、２５３）、第17歌（68）と第24歌（４５１）に出てくるもので、ハリテルセスという老人が過去も未来も見通すことができるというくだりです。

ギリシャ語の原文で過去と未来に相当する言葉は「πρόσσω καὶ ὀπίσσω」となっています。

この言葉が『オデッセイ』の何種類かの翻訳書ではどのように訳されているか、また言語学的にどう解釈しているか調べてみました。日本語版[*2]、英語版[*3]（英１冊・米２冊）、独語版[*4]、計５冊の『オデッセイ』とギリシャ語辞典[*5]（OXFORD 希・英）を用いました。

これらの文献をみて、まず不思議に思ったことは「過去と未来についての翻訳がそれぞれ違う」ということです。単純に過去と未来を使っているのは日本語版のみで、和訳を除いて翻訳者がそれぞれ意訳に苦労をしていることをうかがわせるのです。英訳では、「before and after」、「past and times to come」、「what is in front and what is behind」、独訳では、「Dergangene sah und die Zukunft」となっています。Dergangene sahはドイツ語辞典によると古代中国に、「前車の覆るは後車の戒め」という諺があり「先人（過去）の失敗は後の人の教訓になる」という意味だそうです。

そこでギリシャ語辞典（希・英）をみてみましょう。「過去」に相当する「πρόσσω」はホメロスの時代に、空間的、時間的に前方（forwards, onwards, further, in front)を意味したと書いてあります。一方、「未来」に相当する「ὀπίσσω」は空間的に後方（backwards, back, back again)、時間的には、今後・来世（hereafter）と書いてあります。それは、未来は背後（behind）にあり、われわれはみることができない (unknown) からであり、一方、過去はわれわれの眼の前方にあり、既知（known) であるからだという説明がついています。

訳者が苦労したのは、当時のギリシャ語に言語学的に「過去」、「未来」に対応する単語がなかったためで、各訳者がそれぞれ考えて現代語で意訳したのではないでしょうか。

ドイツの言語学雑誌に発表されている論文[*6]によると、「πρόσσω καὶ ὀπίσσω」について、やはり「過去は前方にあり、未来は背後にある」となっています。

*6　ドイツの言語学雑誌に発表されている論文
G.E.Dunkel：JOURNAL ARTICLE, πρόσσω καὶ ὀπίσσω,Zeitschrift für vergleichende Sprachforschung 96.Bd.,1.H.(1982/83),pp.66-87: Vandenhoeck & Ruprecht(GmbH & Co.KG)

過去と未来、方向と価値観の逆転

筆者が訴えたいことは、言語学的な問題ではありません。「過去」は前方にあり「未来」は後方にあるという『オデッセイ』に書かれたギリシャ時代の考え方が、これまでの常識とはまったく逆で、新鮮であるばかりではなく、北と南を指す磁針を逆転するように、「過去と未来の方向を逆転し、しかも過去に対する価値観を変えて古代ギリシャ人のように過去を大切にして未来を考えることが、現代人にとって特に重要になっているのではないか」ということなのです。要するに歴史観の重要さです。

哲学者ハンナ・アーレントは『過去と未来の間』[*7]のなかで、「（古代ギリシャでは）注目すべきことは、未来――『未来の波』――ばかりでなく、過去も一つの力《フォース》と見られていることである。しかも過去は、われわれの比喩のほとんどすべてがそうであるように、人間が背負わねばならぬ重荷、あるいは生きている者が未来へと進むとき棄て去ることができ、また棄て去らねばならぬ死せる重荷と見られているのではない。フォークナーの言葉によれば、『過去はけっして死なない。過去は過ぎ去りさえしない。』そのうえ、この力としての過去ははるか起源に辿り着こうとしながら、後方に押し戻すのではなく前方に押し出そうとする。大方の予想に反して、われわれを過去へと押し戻すのは未来である。つねに過去と未来のはざま《インターヴァル》に生きる人間の観点から見ると、時間は連続体つまり途絶えることなく連続する流れではない。時間は、中間《ミドル》すなわち『彼』が立つ地点で裂けている……、人間はまさしく思考するかぎりでのみ……過去と未来の間の時間の裂け目に生きる」と述べています。

*7 『過去と未来の間』
ハンナ・アーレント『過去と未来の間』（引田隆也・齋藤純一訳、みすず書房、1994）

この引用文の原書には『ホメロス』が各所に出てくることからも、アーレントが彼女の哲学思考のなかで過去と未来について古代ギリシャと同じ捉え方、認識を持ったと考えられます。

「先を読む」とは未来を予測することではない

現代社会ではよく、未来を予測することを「先を読む」といいます。未来が予測しがたいことを指して、「先行き不透明」といった表現をします。しかし、考えてみますと、「先」とは「先日」「先だって」「先人の知恵」など明らかに過去を表しています。したがって、先を読むということはみえない背後を〝視る〟のではなく、前方（視界の先）にある既知の過去をしっかり〝読む〟ということです。そうすれば、現在とその前方にある過去を押して背後から迫りくる時間（未来）を、よりよく生きることができるということではないでしょうか。

日韓あるいは日中関係など外交関係でよく、「過去に縛られずに未来志向で」ということがいわれます。これは、過ぎてしまって背後にある過去はもう棄てて、前方にある未来を志向しようということでしょう。「過去」と「未来」の方向を逆にすると、前方にある（過去にあった）歴史的事実をしっかり見据え、歴史認識を互いに共有したうえで新しく背後からやってくる未来に協調して対応しようと考えることができるのではないでしょうか。

これこそが歴史観の重要性です。都合の悪い過去をいつまでも引きずることは自虐史観であるとして切り捨てようとする人々もいますが、それはいかがなものでしょうか。

近代化が進展し、そしてあまりに激しく変化するテンポの速い現代社会では、過去と未来をつなげてきた文化と伝統が次第に痩せ衰えていき、その間に裂け目ができ、価値観もアンバランスになってしまいました。本来、過去をもっと重視しなければならないのに。年を経た人も事物も、背後に過ぎ去った時代遅れの用済みのもので、新しいこと、新しいもの、そして若いことが良いことであるという価値観です。「温故知新」は死語になりつつあります。

「（前方にある）過去がその光を（背後からくる）未来に投げかけるのを止めたので、人々の精神は暗がりのなかを彷徨っている」*8のが現実ではないでしょうか。

*8 アレクシ・ド・トクヴィル *Democracy in America*,New York,1945,vol.2, p.331,井伊玄太郎訳の最終章からの引用。

過去と未来の間《はざま》で〝漕ぐ手を休める〟人と暴走する人と

現在に生きるわたしたちは、前へ先へと過ぎゆき遠ざかる過去と、背後から押し出してくる未来の間で常に思考し行動することを求められています。それは小舟で川という時の流れにさおさし、前方の過去（川下）を視ながら、未来（川上）に背中を向けて漕ぎ上がるようなものでしょう。「前方」に〝視る〟ことができる過去を無価値のものとして棄て、「いまだけ、カネだけ、自分だけ」の生活に明け暮れ、変化を嫌い、思考を停止して行動もせず〝漕ぐ手を休めて〟現在の過剰消費の物質文明、経済・社会システムに何の疑問も持つことなく安住していると、やがて未来の時の流れに押し戻されて小舟は川下に流されてしまいます。個人も、組織も、企業も、国も、そして文明も衰退します。それは歴史（過去）の示すところです。

比較文明・歴史学者アーノルド・トインビーは『歴史の研究』のなかで、「一度成功したものは、次の機会には〝漕ぐ手を休める〟、そして衰退することが多い」とし、これを「自己決定能力の喪失」と表現しています。20世紀後半、わが国は高度経済成長によってジャパン・アズ・ナンバーワンになり、その成功体験から漕ぐ手を休め、自己決定能力を喪失してはいないでしょうか。

一方では、21世紀の現代世界で、川下の過去（歴史）を視野に入れることなく無視して、未来に投げかける光もないまま、暗闇のなかで進むべき方向もわからず、やみくもに舟を漕いでいる人たちがいます。倫理観を失って暴走する科学技術者と、倫理学を排除してしまった経済学者たちです。先に述べましたドイツ語の Dergangene sah（先人の失敗は、後の人の教訓）を傲慢にも無視しているのです。

米国の地理学者で『銃・病原菌・鉄』『文明崩壊』などで日本でも有名になったジャレド・ダイアモンド（1937―）も、2017年11月28日、日本経済新聞社による「人類史から見通す近未来」というテーマのインタヴューに答えて、次のように語っています。

「重要なのは、過去の社会から学ぶことが多いということだ。人類は600万年の歴史を持ち、金属、文字などの現代的特徴を持ち得たのはわずか1万1000年前のことだ。経験や英知は『昨日までの世界』のほうが豊富な蓄積がある。高度の技術を使わなくても問題が解決できた時間のほうが圧倒的に長かったわけだ」

それでは、これから「好古家」として過去にタイム・スリップして、それぞれあまり脈絡はないのですが、落穂拾いのように、「ときの忘れもの」を20点集めてバック・トゥ・ザ・フューチャーしてみます。

蛇足ですが、司馬遼太郎の『坂の上の雲』に出てくる日露戦争の英雄、秋山兄弟の兄の名前が「好古《よしふる》」です。もしかして、秋山兄弟の父親は「好古家」だったのではないでしょうか。

ときの忘れもの1

『旧約聖書』『創世記』、「生き物すべてを支配せよ」そして「隷属させよ」

「生き物の支配者」意識のはじまり

ヘブライ語で書かれた『旧約聖書』は、ユダヤ教とキリスト教の聖典であり、神と人類との契約を伝えるもので、紀元前2世紀はじめ頃に現在のかたちに編集されたようです。『創世記』をはじめとする39巻からなっています。天地創造から、イエス・キリストが生まれる頃より約400年前までのイスラエルの歴史を扱っています。

日本語訳は、日本聖書協会版、岩波書店版、新共同訳聖書などがあります。

これらの訳書は、言葉や表現に当然ながらすこしずつ違いがあります。ラテン語訳、ギリシャ語訳もありますから、それらによっても影響されていることはいうまでもありません。

本章のテーマは人間が歴史上ずっと行ってきた自然破壊、特に生き物に対する仕打ちと『旧約聖書』の関係です。生き物には狩猟採集で生活している先住民族も含まれます。まずは『創世記』をみてみましょう。

第1章26－30節

26 神は言われた。「我々にかたどり、我々に似せて、人を造ろう。そ
して海の魚、空の鳥、家畜、地の獣、地を這うものすべてを支配させよ
う」
27 神は御自分にかたどって人を創造された。神にかたどって創造され
た。男と女に創造された。
28 神は彼らを祝福して言われた。「産めよ、増えよ、地に満ちて地を

従わせよ。海の魚、空の鳥、地の上を這う生き物をすべて支配せよ」
29　神は言われた。「見よ、全地に生える、種を持つ草と種を持つ実を
つける木を、すべてあなたたちに与えよう。それがあなたたちの食べ物
となる」
30　地の獣、空の鳥、地の上を這う生き物をすべて支配せよ。

（『新共同訳旧約聖書』、傍線筆者）

問題は、傍線の部分でわかるように、神は人に生きとし生けるものすべてを与えるから「支配せよ」といっていることです。

岩波版『旧約聖書』でも同じように、すべての生き物を「26　支配させよう」、「28　地を従わせよ、支配せよ」、「29　すべて与える」となっています。

ちなみに、英語訳ではどうでしょう。

「26　支配させよう」は「Let them have dominion over……」、「28　地を従わせよ」は「subdue it」、「支配せよ」はやはり「have dominion over……」となっています。

英和辞典でsubdueは征服する、服従させる、隷属させるとなっています。皮肉にも、その辞書には「Mankind cannot subdue nature 人類は自然を従わせることはできない」という例文がたまたま載っていました。偶然でしょうか。dominionは支配、支配権です。

念のためにもう一つ、日本聖書協会の『旧約聖書』（1955年改訳）をみてみます。

「26　支配させよう」は「治めさせよう」。「28　地を従わせよ」は同じく「地を従わせよ」、「支配せよ」は「治めよ」。「29　すべてあなたたちに与えよう」は「すべてをあなた方に与える」となっています。日本聖書協会版の翻訳者は、「生き物すべてを服従、隷属させて支配せよ」という原文はいかにも強すぎると感じて、すこし柔らかい表現で「治めさせよう」、「治めよ」と訳したのでしょう。

あるカトリック系の有名大学の聖書学の教授は、「『支配』という文字は支え配ると書くのだから、人間が自然をよく管理して、人々あるいは他の生き物に配りなさいと神から付託されたと解釈すればよい」とおっしゃっています。

世界で猛威を振るう欧米人

さて、『創世記』第1章26―30節では、神が「自然をすべてお前たち人間に与えるから隷属させて支配せよ」といっています。この「支配せよ」をわれわれ日本人がいまどのように解釈しようが、ヨーロッパ人そしてヨーロッパから新大陸への移民たちは、これまで「自然は人間が支配すべきもの」という意識で実際に行動してきたといえましょう。それは現在でも変わらないのです。

15世紀半ばから17世紀まで続いた大航海時代のスペイン、ポルトガル、そしてその後も欧米列強のキリスト教徒たちによって行われた、アフリカ、アジア、中・南米などの先住民族に対する略奪、虐殺、そして自然破壊はすさまじいものでした。『旧約聖書』の「支配せよ」で正当化されているだけでなく、ローマ教皇の後ろ盾もあり、まさに宣教師を伴う海外侵略でした。先住民族は教化すべき未開で野蛮な存在ですから。

こうして、キリスト教徒の人間中心主義と、「われ思う、故にわれ在り」で有名な17世紀のデカルト哲学、そして17世紀後半のニュートンに象徴される科学革命によって確立した合理主義があいまった西洋近代文明が強大な力で世界を支配しはじめたのですから、人間による自然支配も急速に拡大していきました。

そして、18、19世紀の第1次産業革命、大量生産技術の第2次産業革命、20世紀の情報・通信技術による第3次産業革命と続きました。その間、資本主義、産業主義のもとでの急速な人口増大と膨大な量となった自然資源の過剰消費とともに、殺虫剤や除草剤などの合成化学物質、核開発などによる大規模な破壊を伴う自然支配は地球規模になりました。

21世紀、生態系破壊、生物多様性の消滅、地球温暖化、異常気象、大気・水質・土壌汚染などで西洋発のモダニズム文明の持続可能性が危ぶまれるようになりました。

全能の神が自らつくった人間に契約を破棄され、裏切られたということで、彼らをエデンの園から追放したはずなのに、傲慢にも改悛することなく欲望のままに2500年以上、自然とそこに棲む生き物を抹殺し続けるものですから、とうとう自然から逆襲されはじめたのでしょうか。

人類最初の「環境・社会倫理の啓蒙書」

もうすこし『旧約聖書』をみてみましょう（以下、『新共同訳聖書』による、カッコ内は筆者補足）。

『創世記』第3章17節

神はアダム（＝人間）に向かって言われた。「お前は女の声に従い、取って食べるなと命じた（善悪の知識の）木から食べた。お前のゆえに土は呪われるものとなった。……」

『創世記』第8章21節（大洪水とノアの箱舟に関する章が続き、第8章の最後に）

主は……御心に言われた。「人に対して大地を呪うことは二度とすまい。

人が心に思うことは、幼い時から悪いのだ。わたしは、この度したように生き物をことごとく打つことは、二度とすまい」

神はせっかく「人のゆえに二度とすまい」といってくださっているのに、このまま科学技術の進歩を鼻にかけ、慢心して地球環境破壊を続けるうちに、人間がＡＩ（人工知能）でつくった超人類に裏切られる日もやがてくるかもしれません。

『ホセア書』第4章1―3節

1　主の言葉を聞け、イスラエルの人々よ。主はこの国の住民を告発される。この国には、誠実さも慈しみも神を知ることもないからだ。

2　呪い、欺き、人殺し、盗み、姦淫がはびこり、流血に流血が続いている。

3　それゆえ、この地は渇きそこに住む者は皆、衰え果て、野の獣も空の鳥も海の魚までも一掃される。

『イザヤ書』24章4―5節
4 地は乾き、衰え／世界は枯れ、衰える。地上の最も高貴な民も弱り果てる。
5 地はそこに住む者のゆえに汚された。彼らが律法を犯し、掟を破り／永遠の契約を棄てたからだ。
『イザヤ書』第33章8―9節
8 大路は嘆き、荒れ果て、道行く者は絶える。人は契約を破り、証人を退け／人を人と思うこともない。
9 大地は嘆き、衰え／レバノンは辱められて、枯れ／シャロンは荒れ地となり／バシャンとカルメルは裸になる。
『エレミヤ書』第12章4節
いつまで、この地は乾き野の青草もすべて枯れたままなのか。そこに住む者らの悪が鳥や獣を絶やしてしまった。……
『エレミヤ書』第23章10節
姦淫する者がこの国に満ちている。国土は呪われて喪に服し荒れ野の牧場も干上がる。彼らは悪の道を走り不正にその力を使う。

『旧約聖書』のこれらの章句を読むと、倫理観を失い、腐敗に満ち、流血に流血を続ける現代人間社会と経済至上主義（いまや宗教にまでなり上がっている）、そして自然破壊による環境劣化、荒廃の実態をよく表現しています。まるで、2500年後の未来予測が的中したように。

聖書学の第一人者、月本昭男《つきもとあきお》教授[*1]は、『旧約聖書』が地球環境問題に関する人類最初の本と評価しています。

「自然の恵み」か「生態系サービス」か、東・西自然観の違い

現代欧米人でも、地球環境問題と文明の持続可能性を真剣に考え行動し、世界をリードする人たちは多くなっています。しかし、彼らが無神論者であったとしても、やはりキリスト教という一神教の聖典の「支配せよ」が刷り込まれています。たとえ、「支配せよ」ではなく善良な管理者として自然を「治めよ」と解釈していたとしても、全能の神がつく

*1　月本昭男教授
旧約聖書学者、上智大学特任教授月本昭男は、「人に対して……」ではなくて、岩波版『旧約聖書』の「ひとのゆえに……」と訳すべきだという。

りたもうた自然が破壊されれば、神からの信託財産としての自然を神に代わって「保護」「保全」するという自然観なのです。

仏教や神道あるいは東洋思想のように、「自然との共生」「山川草木悉《さんせんそうもくしっ》皆成仏《かいじょうぶつ》」といった自然観ではないのです。人間中心主義、西洋合理主義から脱却できないのです。彼らにとって自然は神から与えられた恵み（Grace of God）であって、「自然の恵み」（Grace of Nature）ではありません。そのことを思い知ったのが、５年前のことです。

２０１３年４月、京都大学稲盛ホールにおいて自然資本に関するシンポジウムを開催しました。米カリフォルニア大学バークレー校の経済学者、リチャード・B・ノーガード教授による基調講演が終わった後、教授との懇談の席でのことです。「欧米人がよく生態系サービス（ecological service）という言葉を使うが、わたしは違和感を持っている。なぜなら、生き物（自然）を人間に隷属（サービス）させるというのは人間の驕《おご》りではないか。『自然の恵み』としたいのだが、それは英語ではなんといったらよいか」という質問をしました。その答えが「Grace of Nature」

だったのです。

ところが1週間後に、同教授からメールがあり、「あの時、わたしはGrace of Natureといった。あなたたちがそれを使うには問題ないが、キリスト教徒としてのわたしはやはりGrace of Godを使いたい」ということでした。やはり、欧米人の脳に刷り込まれた一神教の原理は拭い難いと思った次第です。

ローマ教皇の「環境的回心」にみる自然との和解

２０１５年6月18日、ローマ教皇フランシスコは、回勅『ラウダート・シ』を発表しました。回勅とはローマ教皇が全世界の聖職者や信者に宛てて出す公文書で、教皇が出す文書のなかでは最も重要な文書です。『ラウダート・シ』は、「地球がわれわれの家であるとして、その叫びに耳を傾け、共通の家を保全し、責任を持ってその美しさを守るために〝方向性を変えていく〟ように、〝環境的回心[*2]〟」を呼びかけたものです。

6章にわたる「回勅[*3]」を要約すると、次のようになります。

*2 環境的回心
バチカン放送局（ja.radiovaticana.va）を参照のこと。

「わたしたちの家で起こっている」地球規模の環境問題に対する人類の責任。

「環境危機の人間的原因」、すなわち人間中心主義やテクノロジーの暴走という現状認識。

環境・自然は、わたしたちが生きる多様な分野（政治・経済・文化・ライフスタイル）に密接に関わるもので、環境問題を社会・人間と切り離すことはできないものと認識し、この世界における人間を取り巻く現実を包括して捉えた「統合的なエコロジー」を提唱。

政治・経済・社会のあらゆるレベルにおける誠実で透明性ある対話の提案。

「環境的回心」のために、教育の重要性を強調。異なったライフスタイルの選択によって、政治・経済・社会に健全な影響を与えるとともに、簡素な生活から、世界に対する責任と、弱者に配慮した「統合的エコロジー」を目指すよう招く。

そして、「創造主であり父である神」を信じるすべての人々とキリス

*3　回勅
地球システム・倫理学会第13回学術大会「総合的（インテグラル）なエコロジーに向けてー回勅『ラウダート・シ』と統合智の地平ー」における講演から引用。

ト教徒に向けた祈りをもって締めくくっています。

『旧約聖書』では神が自然を創造し、人間に与えて「服従させて、支配せよ」といいます。ところが現在では、仏教や神道、そしてアニミズムなど自然神を崇拝し、人間は自然の一部と考え、自然との共生、協調の方向性と行動を希求してきた人たちとの対話と協働の可能性が出てきています。筆者はキリスト教徒ではありませんが、この「回勅」による「統合的エコロジー」という考え方は画期的なことであり、この方向性で人類の未来に向けてすべての人々が協調することを求められているのだと思います。

『創世記』第9章9節には、「わたしは、あなたたちと、そして後に続く子孫と、契約を立てる」、続いて同10節には、「あなたたちと共にいるすべての生き物、またあなたたちと共にいる鳥や家畜や地のすべての獣など、箱舟から出たすべてのもののみならず、地のすべての獣と契約を立てる」とあります。そこには、「人類と自然との和解の希求が籠められている」と聖書学者、月本昭男教授はいいます。

ときの忘れもの2

地球温暖化で水没した〝エデンの園〟

〝楽園〟はどこにあったのか

エデンの園など絵空事で、そのようなものがあったことなど信じられないという人も多いと思います。しかし、そういい切ってしまっては面白くありません。これまで、何世紀もの間、神学者、歴史家、考古学者、科学者、そして好奇心の強い好古家たちが、その位置を特定しようと探索してきたのです。そして、いまでも真剣に調査している学者もいます。筆者は少なくとも、失われた大陸アトランティスよりは、その存在の信憑性があると思っています。

かつてエデンの園があったことを認める人たちにも、2種類あります。存在したかもしれないけれど、ノアの箱舟伝説の世界的な大洪水によって完全に埋没、破壊されてしまったばかりか、地形も大きく変化してしまっているので、その位置を特定することなどとうてい不可能であるという人たち。そして、綿密かつ長期にわたる科学的・学際的な調査の結果、大洪水の影響は地域限定的で、位置をつきとめたという人たちに分かれています。

発見したと主張する人たちのいうエデンの園の位置は、バーレーン島、ペルシャ湾最奥の海底、インダス川流域、トルコの東端の山中といろいろです。これらのなかで、バーレーン島が通説となっていますが、筆者はペルシャ湾最奥説を信じています。

まずは、エデンの園のことが記述されている『旧約聖書』、『創世記』第2章第7節から第14節までをみておく必要がありましょう。

「主なる神は土のちりで人を造り、命の息をその鼻に吹きいれられた。そこでひとは生きた者となった。主なる神は東のかた、エデンに一つの園を設けて、その造った人をそこに置かれた。また主なる神は、見て美しく、食べるに良いすべての木を土からはえさせ、更に園の中央に命の木と、善悪を知る木とをはえさせられた。また一つの川がエデンから流れ出て園を潤し、そこから分れて四つの川となった。その第一の名はピソンといい、金のあるハビラの全地をめぐるもので、その地の金は良く、またそこはブドラクと、しまめのうとを産した。第二の川の名はギホンといい、クシの全地をめぐるもの。第三の川の名はヒデケルといい、アッスリヤの東を流れるもの。第四の川はユフラテである」（日本聖書協会版・口語訳による）

ペルシャ湾の最奥説

筆者自身が最も支持しているエデンの園の位置についての説は、考古学者のユリス・ツァーリン（Juris Zarins）のものです。彼は、地理学、地質学、水理学、言語学その他いろいろな分野の専門家とともに学際的に調査・探索を10年以上にわたって行った結果、エデンの園は、ペルシャ湾最奥の海底に沈んでいるという結論に達しました。その理由を次のように説明しています。

「四つの川のうち、第四の川ユフラテはユーフラテス川であり、第三の川ヒデケルはアッシリアの東を流れるということからチグリス川といえる。『旧約聖書』はヘブライ人の観点から書かれており、〝東のかた、エデンに園を設け〟とある。つまり、イスラエルの東ということであるから、チグリス・ユーフラテスについては特定が容易である。問題は、謎の第一の川ピソンと第二の川ギホンである。現在それらしき川は見当たらない。しかし、地球資源探査衛星ランドサットの映像を解析したところ、化石川あるいはワジと呼ばれる古代の川の跡がチグリス・ユーフラテスの両側にくっきりと映っていたのである。それでは第一の川ピソンが〝全地をめぐる〟ハビラはどこを指すのか。『創世記』第10章第7節と第25章第18節の記述にあるハビラ、すなわち大河の西側にある現代のサウジアラビアとクウェイトにまたがる地域で、そこを〝めぐる〟川がピソンである。この地域には〝ブドラク〟（芳香樹脂）も〝金〟も産するのである。最後の第二の川ギホンは大河の東側のワジとなるのであるが、これが難題である。なぜなら、ギホンが〝全地をめぐる〟クシ（Cush or Kush）の場所を、17世紀のジェームズ王のバイブル（the King James Bible）をつくる時に、ヘブライ語からの翻訳者がエチオピアとしたのである。エチオピアはずっと南で、しかもアフリカである。このことが、数世紀にわたって混乱のもとであり、探索の妨げになっていた。しかし、ランドサットの映像からギホンは、イランに発し現在のペルシャ湾に向かって南西に流れていたと考えられる。このように、四つの川が集まり、その地域（エデンの園）から流れ出していたとすれば、地理的条件からペルシャ湾の奥の湾頭であったはずである」[*1]ということです。

なぜ水没したのか

ツァーリンは水没の経緯を、次のように主張します。

*1　ペルシャ湾最奥説

Dora Jane Hamblin, *Has the Garden of Eden been located at last?*, by using interdisciplinary approach, archaeologist Juris Zarins believes he's found it—and can pinpoint it for us, Smithsonian, May 1987)

「（シュメール人が南メソポタミアに住みつく前に）ウバイド人がエデンの園に幸せに暮らしていた紀元前５０００年から４０００年にかけて、ユーラシア大陸の大部分が、未だ氷に被《おお》われていた。そして、ペルシャ湾は海面が現在よりも４００フィート（約１２０メートル）低く、ホルムズ海峡まで陸地であった。ところが、地球の温暖化と湿潤化によって、地質学上フランドリアン海進と呼ばれる、海水面の急激な上昇を引き起こした世界的現象が起こった。湾は水で満たされ、紀元前４０００年頃に現在のような水面レベルに達したために、豊富な猟鳥獣が棲むすばらしい自然の楽園であったエデンは海にのみこまれた。この海進に追われた人々、プレ・シュメール人あるいはウバイド人は、数千年間生活してきた地域から北上して逃れ、現在の南メソポタミアにエリドゥ、ウル、ウルクといったメソポタミア最古の都市を築いた。楽園を失った恐ろしい物語は、事実が記憶の一部となって語り継がれ、神話となり伝説となった。そして、ずっと後に北方から侵入してきたシュメール人に受け継がれ、高度に濃縮されていった。

紀元前3000年頃から約1000年続いたシュメール文明は、アッカド人（アッシリア・バビロニア人）によって引き継がれ、シュメール人とその楔形文字《くさびがた》のみならず〝エデンの園〟など数々の伝説・神話も吸収されてしまった。そして、シュメール語はやがて死語となり、代わってアッカド語がメソポタミアの共通言語となっていった。

シュメール人は、ウバイド人から引き継いだ伝説の楽園のことを〝ディルムン〟と呼んでいた。このディルムンが後に、イスラエルで『旧約聖書』のエデンとなったとも考えられる。ただし、シュメール語に、エディン（肥沃な平野）という単語があるのである。言語学者はこのエデンという言葉もシュメール人起源ではなく、ウバイド人のものであるといっている」

ツァーリンはまた、フランドリアン海進によって、ペルシャ湾の水位が大幅に上昇していったため、「エデンの園に数千年住みなれた人たちは浸水から逃れてメソポタミアの北方に後退していった。そのことを裏づけることとして、シュメール人たちは、彼らの祖先が〝海からきた〟

と常に主張しているではないか」とも述べています。

したがって、「エデンの園はメソポタミア南方ペルシャ湾奥に沈んでしまっている。そして、一方、シュメール人のいうディルムンは、アラビア半島東海岸沿いの比較的高い場所として、紀元前3千年紀の叙事詩などにうたわれたのではないか」。そして「エデンは失われてしまったが、ディルムンは巡礼地あるいは彼らの終《つい》の安息地としての楽園と考えられたのであろう」と主張しているのです。

神々の〝楽園〟、ディルムン

次に、インダス川流域説に入りましょう。

シュメール専門の考古学者、ノア・クレーマーは、「ディルムンは神話や伝説のなかでの神々の楽園であり、不死の運命を定められた人間たちが移住を許されるところとして名高いとはいえ、間違っても単なる文学的なフィクションであると推断してはならない。ディルムンは、シュメールの吟唱詩人や詩人たちの豊かな想像力が生み出した実在しない国

*2 インダス川流域説
サミュエル・ノア・クレーマー『シュメールの世界に生きて In The World Of Sumer』(久我行子訳 、岩波書店、1989、p.289)

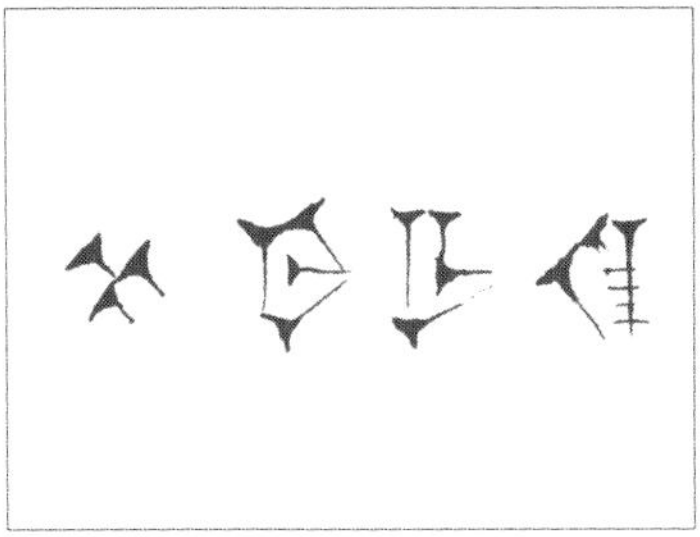

「ディルムン」の楔形文字

では決してない」[*2]と、いい切っているのです。その証拠として、楽園の国ディルムンを語る、楔形文字で書かれた五つの章句を挙げています。

クレーマーは、これらの章句のなかで、特に「洪水伝説」の最後の一行に「ディルムンの国、日出ずるところ」と書かれていることから、「ディルムンがシュメールの東方のどこかにあったことは確かである」といっています。そして、ディルムン神話を語っている、いろいろな粘土板文書から、モヘンジョ・ダロあるいはハラッパーといった古代インダス文明が栄えた場所と重なるといっています。

しかし、一般の通説としては、ディルムンは現在のバーレーン島であるとされているのです。その根拠は、いまでもディルムン時代からの、世界最大の先史時代古墳が残っており、ベリアル・マウンド（Burial Mound）と呼ばれていることです。そして、シュメール人が楽園伝説の聖なる場所として死者をここまで運んできて埋葬したといわれています。このバーレーン説の難点の一つは、その位置がほぼ南に位置し、東方の〝日出ずる国〟とはいい難いことです。

しかし、わからないのは、『旧約聖書』にディルムンについてはなんの記述もなく、エデンという言葉を選んだのはなぜかということです。いまでも、この点について、調査研究している考古学者もいるようです。

最後に、トルコ東端の山中の説は、米国カリフォルニア、アーヴァインにあるミステリアス・バイブル研究財団のマイケル・サンダースという人が、２００１年11月、カナダの『ナショナル・ポスト』誌に発表したものです。彼は、衛星写真を詳細に調べた結果、『旧約聖書』の記述に最も適合すると主張しました。ですが、この説はあまり反響を呼ばなかったようです。

歴史的事実の多い神話・伝説・物語

メソポタミアで人類最初の文字を発明したシュメール人、あるいはその後のアッカド人によって書かれた粘土板文書にある神話・伝説・物語の多くは、イスラエルにおいてヘブライ語で、いろいろと変形、改変されながらも『旧約聖書』に引き継がれていることは間違いないことです。

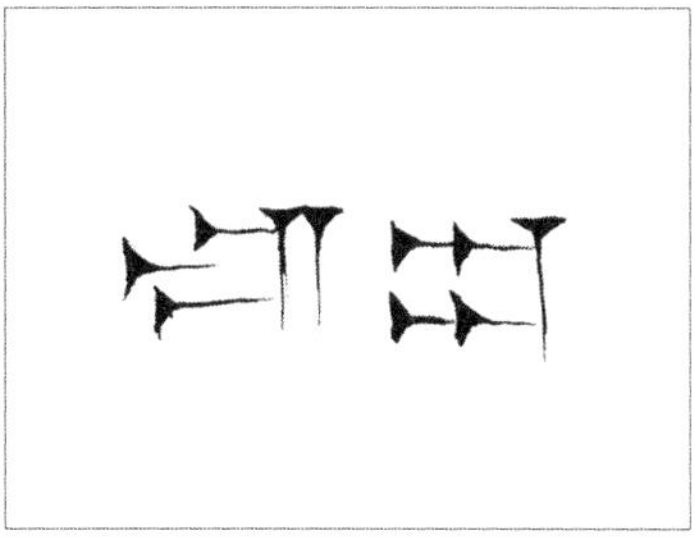

「ABZU」の楔形文字

いまや、大洪水伝説、エデンの園、アダムとイヴの楽園追放物語など、その神話・伝説・物語が現実に起こった歴史的事実であると考えられています。

「ときの忘れもの 2」は、エデンの園をテーマに書きましたが、アダムとイヴの楽園追放物語、大洪水物語、ギルガメシュ英雄叙事詩、神々の物語、賢者たちの物語、王様の社会改革論など、楔形文字で書かれた膨大な粘土板文書が発掘されており、興味はつきません。

シュメール語はすでに死語となって4000年近く経ちますが、現代語に残っている単語がいくつかあります。例えば、「ABZU」は英語のabyssやフランス語のabysseの語源であり、これは奈落、底知れぬ深淵、深海を意味します。

MUL MULは星々、プレアデス星団（すばる）を意味し、日本語の昴《すばる》となったと、ワシントン大学のロイ・アンドリュー・ミラーが考古学の学会誌に発表しています。このことについては「ときの忘れもの 5」で詳しく述べています。

気候変動と文明の盛衰

古気候学によりますと、紀元前3万年から6000年にかけて、気候が湿潤から乾燥へ、乾燥から湿潤へと変動を繰り返し、この結果、中東地域では人々の大きな渦のような移動が起こったということです。そして、紀元前6000年から5000年頃にかけては、それまでの長い乾燥化の時代の後、サウジアラビア東部と北東部、南西イランを含む、いまのペルシャ湾岸地域一帯に雨が戻ってきて湿潤化したため、また緑豊かで肥沃な地上の楽園となりました。

この頃、森を出て農耕を行う定住者に進化していった狩猟採集民族のグループがありました。この人たちが先史ウバイド人といわれ、都市をつくったと考えられています。その後、紀元前3100年頃、シュメール人が北からやってきて都市国家をつくり、人類史上はじめての文字を発明しました。

このシュメール語のなかにはウバイド起源とされる数多くの言葉あるいは単語、例えば川や土地の名前などが含まれていると言語学者は語っています。しかし、先史ウバイド人はいつ、どうして消えていったのか。その理由を紀元前6000年頃からはじまった急激な温暖化によって起きた大洪水の物語に求める人は多いのです。それまでホルムズ海峡あたりまでしかなかったペルシャ湾の水位が、温暖化によって現在の湾岸まで400フィート上昇したことは事実です。

古気候学者、立命館大学中川毅《たけし》教授によると、紀元前6000年頃から大気中の二酸化炭素が、そして、紀元前3000年頃からメタンガス（温室効果が二酸化炭素の21倍）が、現在まで増加し続けているということです。その原因は、「ヨーロッパ人による大規模な森林伐採とアジアにおける水田農耕の普及にある」とバージニア大学のウィリアム・ラジマン教授は主張しています。

約10万年続く氷河期と次の氷河期の間の約1万年の温暖期、いわゆる間氷期はこれまで何度も繰り返されているのですが、現在の温暖期はすでに約1万2500年も続いており、その原因としては最近の数千年の間、温室効果ガスの濃度が異常に高くなっていることが指摘されています。本来なら、氷河期に入り、温室効果ガスの濃度が低下しているはずなのに、人為的な大量の温暖化ガス排出によって氷河期突入を先延ばしにしているともいえましょう。

ヨーロッパ人による大規模な森林破壊については、「ときの忘れもの7 青銅器時代、鉄器時代、そして多金属器時代」をご参照ください。

21世紀の現代世界は、人口爆発で76億人になり、世界の経済規模は約80兆ＵＳドル（IMF-World Economic Outlook Databases：名目ＧＤＰ）にも拡大し、膨大な天然資源を消費し、森林を急速に破壊しています。その結果、地球規模の気候変動と環境劣化と生態系破壊を引き起こし、人類自らの生存基盤（生命維持装置）まで破壊しようとしているのです。

気候変動と文明の盛衰が密接な関係にあることは、古気候学と歴史[*3]を重ね合わせるとみえてきます。メソポタミア文明、東地中海文明、エジプト文明、そして日本の縄文文化にも。

*3 古気象学と歴史
中川毅『人類と気候の10万年史』
（講談社、2017、pp.160~161）

ときの忘れもの3

女は男のあばら骨からつくられた

——一神教(ユダヤ教)の都合

〝あばら骨〟の違和感

『旧約聖書』(日本聖書協会、1978)、『創世記』第2章第18節―23節にかけて「あばら骨の女」について次のように書かれてあります。

「主なる神は言われた。『人がひとりでいるのは良くない。彼のためにふさわしい助け手を造ろう』」、「そこで主なる神は人を深く眠らせ、眠った時に、そのあばら骨の一つを取って、その所を肉でふさがれた。主なる神は人から取ったあばら骨でひとりの女を造り、人のところへ連れてこられた。そのとき、人は言った。『これこそ、ついにわたしの骨の骨、わたしの肉の肉。男から取ったものだから、これを女と名づけよう』」

このことについて、女性ははなはだ面白くないのではないでしょうか。いまどき、男が職場などでこのようなことをいえば、すぐさま女性蔑視だ、セクハラだなどといわれかねないご時世です。しかし、『旧約聖書』の記述がシュメール語の単語をヘブライ語に翻訳する際の誤訳であったとすれば、女性としても仕方ないことと納得できるのではないでしょうか。

女性に限らず、誰しも、「男（アダム）のあばら骨から女（イヴ）がつくられた」と書かれているのをみると、なぜ、あばら骨なのか、奇異に感じるのではないでしょうか。しかし、女性だけでなく大方の人が、何千年も前の記述でもあるし、聖書にそう書いてあるのだからいまさらどうにもしようがないだろうと、その後、気にもかけずにいるのが実情でしょう。筆者もその一人でしたが、好古家としてある時どうしても、なぜ、あばら骨なのかを調べてみたくなったのです。

『旧約聖書』は、神とイスラエル民族の契約を伝えるユダヤ教の聖典ですから、当然ヘブライ語で書かれたのですが、調べていくうちにまずわかったことは、『創世記』に書かれている内容には、紀元前３０００年頃から約１０００年続いたメソポタミアのシュメール文明時代の神話・伝説の残響がみられるということです。したがって、『創世記』はシュメール語からヘブライ語に翻訳されてつくられている部分が多いということです。

『創世記』に書かれている〝あばら骨の女〟に相当するシュメール語は、音価でNin-Tiといいます。Ninは婦人・レディを意味します。そしてTiにはいろいろの意味があるなかで、ヘブライ語の語り手が、Tiを「あばら骨」と訳したのが問題なのです。

結論からいうと、「あばら骨の女」ではなく、「命あるものの母としての女性」と訳すべきであったと筆者は考えます。

シュメール・アッカド語対仏辞典[*1]を調べてみますと、Tiには異なったいくつかの意味があることがわかりました。Tiの使い方によってまった

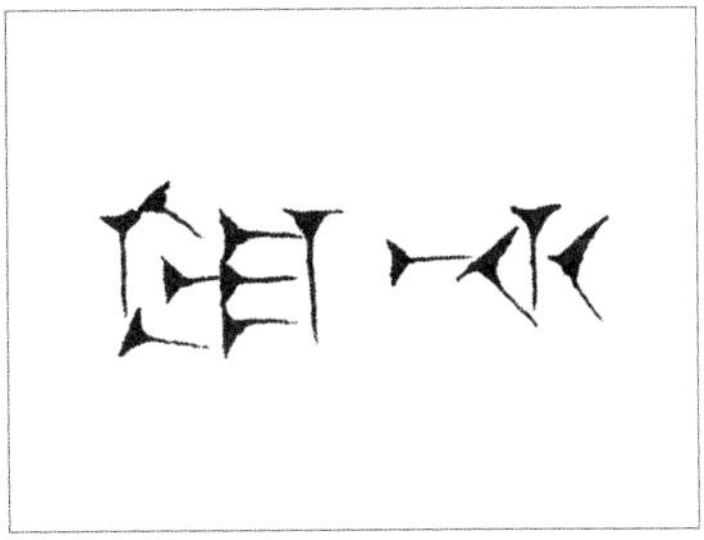

「Nin-Ti」の楔形文字

*1　シュメール・アッカド語対仏辞典
MANUEL D'ÉPIGRAPHIE AKKADIENNE, par René LABAT, LIBRAIRIE ORIENTALISTE PAUL GEUTHNER, S.A.PARIS, 2002

く意味が変わってくるのです。

例えば、身体あるいは構造体の一部を表す場合は「肋骨（côte）、羊などの骨つき背肉（côtelette）、船の竜骨とか戦車・二輪車の骨組み（membrure-de char, -de bateau, etc）」となり、木の名前あるいは木製品を表す場合は「弓矢（flèche）」を意味し、そして、これが一番重要なのですが、「生きる（vivre）、癒す（guérir）、生命（vie）、生きている（vivant）、命ある（dans son état vivant）」という意味があるのです。

したがって、ヘブライ語の語り手は、「生命、生きている、命ある、癒す」を使うべきであったわけで、たまたま、Tiに肋骨という意味があったからといって、わざわざアダムの肋骨を取ってイヴをつくったといわなくてもよさそうなものです。

一神教に不都合な母性原理（地母神）

『創世記』第3章第20節には、「人はその妻の名をイヴと名づけた。彼女がすべて生きた者の母だからである」とあります。〝すべて生きた者の母〟としてイヴをつくったというのなら、イヴは命を生み育てる女性であったはずです。

しかし、〝すべて生きた者の母〟となると、生きとし生けるものすべての母、すなわち母なる大地、地母神崇拝、豊穣の女神、自然の生命の再生・循環につながり、ヘブライの一神教、ユダヤ教の世界でははなはだ都合が悪かったのではないかと考えられます。したがって、誤訳というより、教義の都合で意識的に不正確な訳語にしたというべきかもしれません。

『創世記』第2章で、神は「人がひとりでいるのは良くない。彼のために、ふさわしい助け手をつくろう」といって、女性を単に男の助手を務める存在としているのです。

一方、シュメール・アッカド人のメソポタミア文明、あるいはそれ以前、クレタ島のミノア文明、古代ギリシャ文明そして日本の縄文文化などでは自然の生命の源として、また同時に死すべき命の墓としての大地、永遠の生命の循環・再生を司る女神すなわち地母神＝命あるものの母、

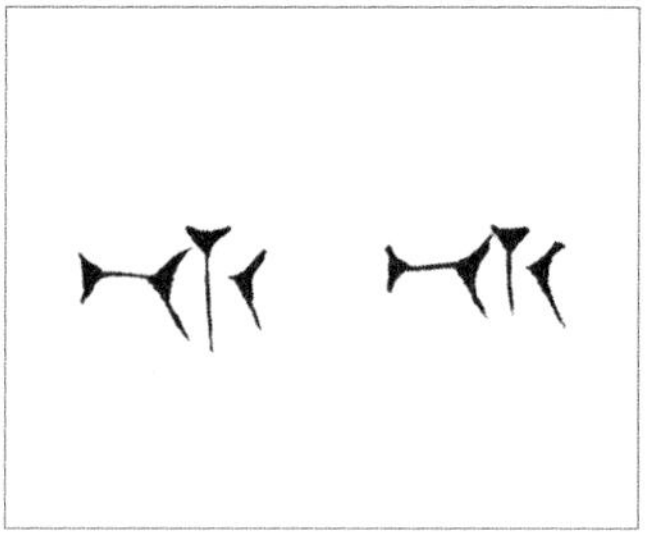
「Ti-Ti」の楔形文字

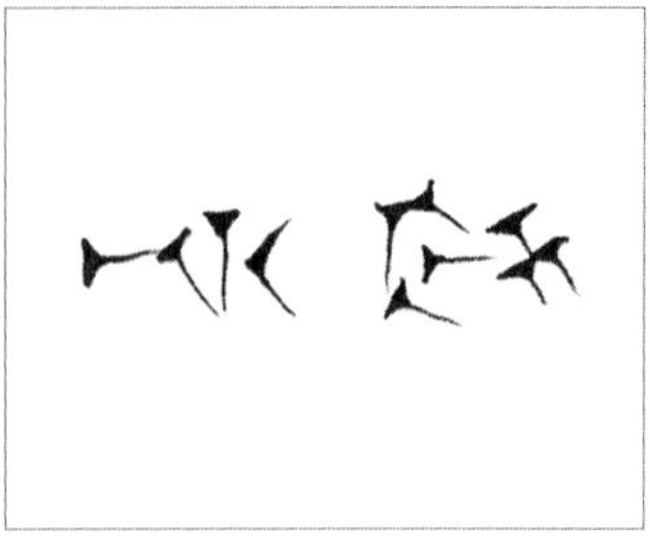
「Ti-AMAT」の楔形文字

として女性をみていました。

このように『旧約聖書』には、ノアの箱舟の大洪水物語とかアダムとイヴの楽園追放物語などメソポタミア文明の残響がみられるのですが、一神教に都合の悪いところは改変しながら教典がつくられたのでしょう。

なお、Tiを二つ並べてTi-Tiとすると、乳房、豊かな胸という意味になります。また、Ti-AMATは海。Ti-La-Saとなると繁栄という意味になります。いずれにしても、Nin-Tiは「生命あるものの母としての女性」と訳すほうが自然ではないでしょうか。

余談ですが、シェークスピアの『ロメオとジュリエット』第2幕第2場、ローレンス修道士が柳の籠を持って薬草の花々を摘む場面で、次のような独白をするところがあります。

「自然万物の母たる大地は、またその墓であり、自然を葬るその墓は、同時にまたその母胎でもある」*2

これは、まさに有史以前から伝わる人類の循環・再生の世界観であり、一神教のキリスト教文明といえども、〝生命あるものの母〟〝すべて生きた者の母〟としての女性という思想を抹殺することはできなかったのでしょう。

少なくとも、天国と地獄のことを語るべきカトリックの神父のセリフとも思えませんが、シェークスピアの意識あるいは自然観に「循環と再生」の世界観の残響があったからではないでしょうか。

さて、ここまでは好古家の筆者の考えですが、本物の考古学者はこの件について、どのように語っているかについても調べてみました。

シュメール文明が専門の考古学者、ノア・クレーマーは、イヴがアダムの肋骨からつくられたということについては次のように説明しています。「シュメール語tiは『生かす』という意味の動詞をも表わし、したがって、ニンティという女神の名前には、『肋骨の婦人』『生かす婦人』という二つの意味が含まれる。この一種の語呂合わせがヘブライの楽園の物語にまで受け継がれ、人類最初の女性の創造にあたってアダムの他のどの部位でもなく肋骨が選ばれたのではないか」[*3]というのです。

クレーマーは、一種の語呂合わせであって、誤訳とも一神教の都合と

「Ti-La-Sa」の楔形文字

*2 『ロメオとジュリエット』内のセリフ
「……The earth, that's nature's mother, is her tomb. What is her burying grave,that is her womb,……」

*3 ノア・クレーマーのイヴ誕生説
既出。「ときの忘れもの 2」『シュメールの世界に生きて』に同じ。

もしていません。

この「ときの忘れもの 3」を書きながら思ったことですが、キリスト教という一神教を中心とする西欧合理主義思想によって、自然を征服すべきもの、あるいはコントロールすべきものとして破壊を続けてきた結果、地球環境は人類の持続可能性が脅かされる事態にまでなってきました。いまや地球の限界に直面した人類最初の世代として、われわれは古代の人々のように、〝生命あるものの母〟を中心とする、循環・再生、自然との共生の哲学・思想に立ち戻る必要があるのではないかということです。すなわち、人類社会に分断と対立ばかりを撒き散らす父性原理の社会から、母性原理の社会への転換が必要になったと思うのです。

母性を失った〝あばら骨〟が目立つ女性ではなく、生きとし生けるものの母のような女性を、現代社会では求めることは無理なのでしょうか。こういうことをいうのは、ジェンダー・フリーの考え方からすると問題でありましょうが……。

ときの忘れもの4

シュメールの王様ウルカギナの社会改革

――リンカーンより4220年前の奴隷解放

〝自由〟と〝人間らしさ（慈悲）〟

メソポタミアはシュメール時代の都市国家ラガシュに、在位が紀元前2358―2350年とされるウルカギナ[*1]という名の王がいました。彼は平和を好む理想家肌の改革家で、「社会改革論」[*2]を楔形文字で、彼の事績として粘土板に記しました。そのなかで彼は人類の歴史上はじめて〝自由〟と〝人間らしさ〟という言葉を使っています。筆者はこのことを知った時、知的な興奮を覚えました。

*1
J. N. Postgate, *EARLY MESOPOTAMIA: Society and economy at the dawn of history*, p.34,39,99,106,119,194,241,268,300

*2
Samuel Noah Kramer, *From the Tablets of Sumer, Chapter6―Social Reform: The First Case of Tax Reduction*, THE FALCON'S WING PRESS, 1956

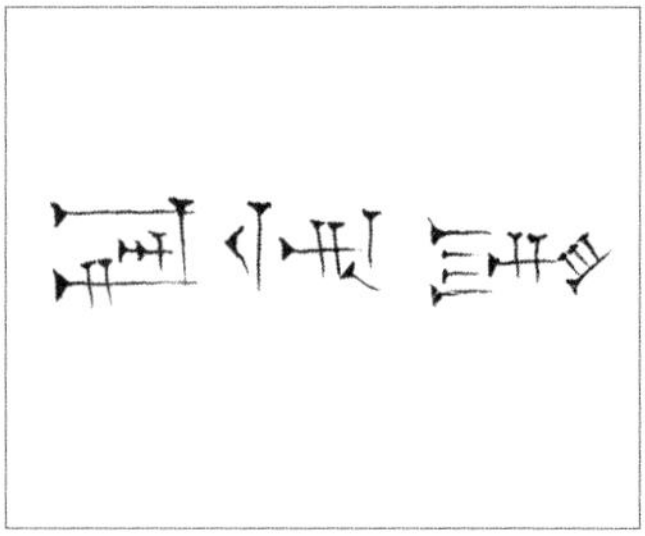

自由「AMA-AR-GI4」の楔形文字

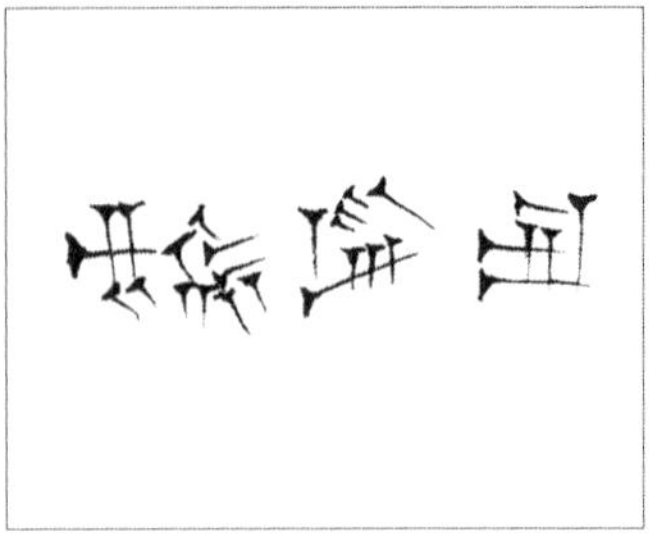

人間らしさ、慈悲「NAM-LU-LU7」の楔形文字

それ以来、シュメール語の〝自由〟と〝人間らしさ〟を意味する楔型文字を手帳に書きつけておき、機会あるごとにいろいろな人に見せて、「人類が〝自由〟という言葉をいつから使いはじめたか」と質問してみました。すると、ほとんどの人がフランス革命期か、あるいは産業革命の時期か、そうでなければ、まったく見当がつかないと答えるのです。しかし、いまから４３００年も前に使われていたことを知ると、誰もが驚きを隠しません。

上図は〝自由〟と〝人間らしさ〟を表すシュメール語（紀元前１９００年頃）の楔形文字。ローマ字のアルファベットは、楔形文字を翻字したものです。アルファベットに付した数字は、発音が同じでも意味の違ういくつかの記号を区別するためにつけられています。

ウルカギナ王の時代は紀元前24世紀であり、人類最古の法典として教えられてきた、かの有名なバビロニアのハムラビ法典がつくられたのが紀元前18世紀（１７５０年頃）です。それに比べておよそ６００年も前に、すでに税制改革を含む社会改革がなされているのです。そのことが、新しい運河の完成を記念してウルカギナ王の事績として粘土板に記録されています。すなわち、ラガシュの法を再興し、条例を定め、そして市民の自由を回復させたのです。

ウルカギナ王による税制改革

改革のなかでも、正義と自由を確立したことは際立っているのですが、史上はじめての減税は興味深いことです。ラガシュの初代の王ウル・ナンシェにはじまる、それまでの統治の時代から積もり積もった極度の官僚主義的弊害、特に多種多様かつ高率の租税と、自己の利益を図る大勢の寄生虫のような税務査察官、収税官の横暴は大変なものであったらしいのです。

例えば、課税の対象として、船の大きさ、家畜の大小、漁獲量、羊毛を刈る時の毛の白さ、妻を離縁する時、香料製造者が香油を調合する時、死者が埋葬のために墓地に運ばれた時など、枚挙に暇がないほどであり、上はイシャクと呼ばれる支配者、神官から末端の査察官まで、国の端から端まで収税吏がいっぱいいたということです。

このような社会的状況のなかに、理想主義者ウルカギナ王が登場してラガシュの改革がはじまりました。船の査察を廃止、妻を離縁した時イシャクにも大官にも税を払う必要なし、香料製造人は香油を調合する時イシャクや大官そして執事に何も払う必要なし、死者の埋葬時に死者の財物を官吏に規定以上に払う必要なし、といったように。その結果、国の端から端までいた収税吏がいなくなったと記録されています。

大減税だけでなく、ウルカギナは富裕な強者が貧しい弱者を苦しめることのないように取り締まりました。例えば、富裕な役人が貧しい人の庭園を荒らし、樹々を倒し、その果実を思うままに採ることもなくなりました。また、寡婦と孤児が強者の犠牲にならないようにとラガシュの都市の神ニンギルス（戦の神）に特別に誓願し、都市から高利貸、泥棒、殺人者を一掃したということです。

このような改革は、残念ながらあまり長くは続かなかったそうです。なぜなら、隣国ウンマの好戦的な王ルガルザッゲシとの紛争に破れてラガシュは征服され、彼の治世はわずか8年間で終わってしまったからです。

ウルカギナ王の社会改革の事績は、1877年にフランスによってラガシュの遺跡から発掘されたものです。

なお、自由と訳されている言葉、AMA-AR-GI4は、直訳すると〝母のもとに帰る〟という意味となるそうです。それは、北の山岳地帯から連れてきた奴隷を母親のもとに帰す、すなわち、奴隷の解放からきたものと考えられています。

歴史はシュメールにはじまる*3

奴隷解放というとすぐに思い浮かべるのが、アメリカ合衆国大統領のリンカーンですが、彼が奴隷解放宣言を公布したのは1863年のことです。このほかに、コロンブスのアメリカ大陸発見に先立つこと4000年の青銅器時代に、アメリカ大陸、特にユカタン半島とメソポタミア、クレタ島のミノア文明などの間、古代文明圏でインゴット（鋳

*3
Samuel Noah Kramer, *History begins at Sumer Thirty-nine Firsts in Recorded History*, University of Pennsylvania Press, 1959

メソポタミア、シュメールとその周辺地域。黒丸は古代の都市

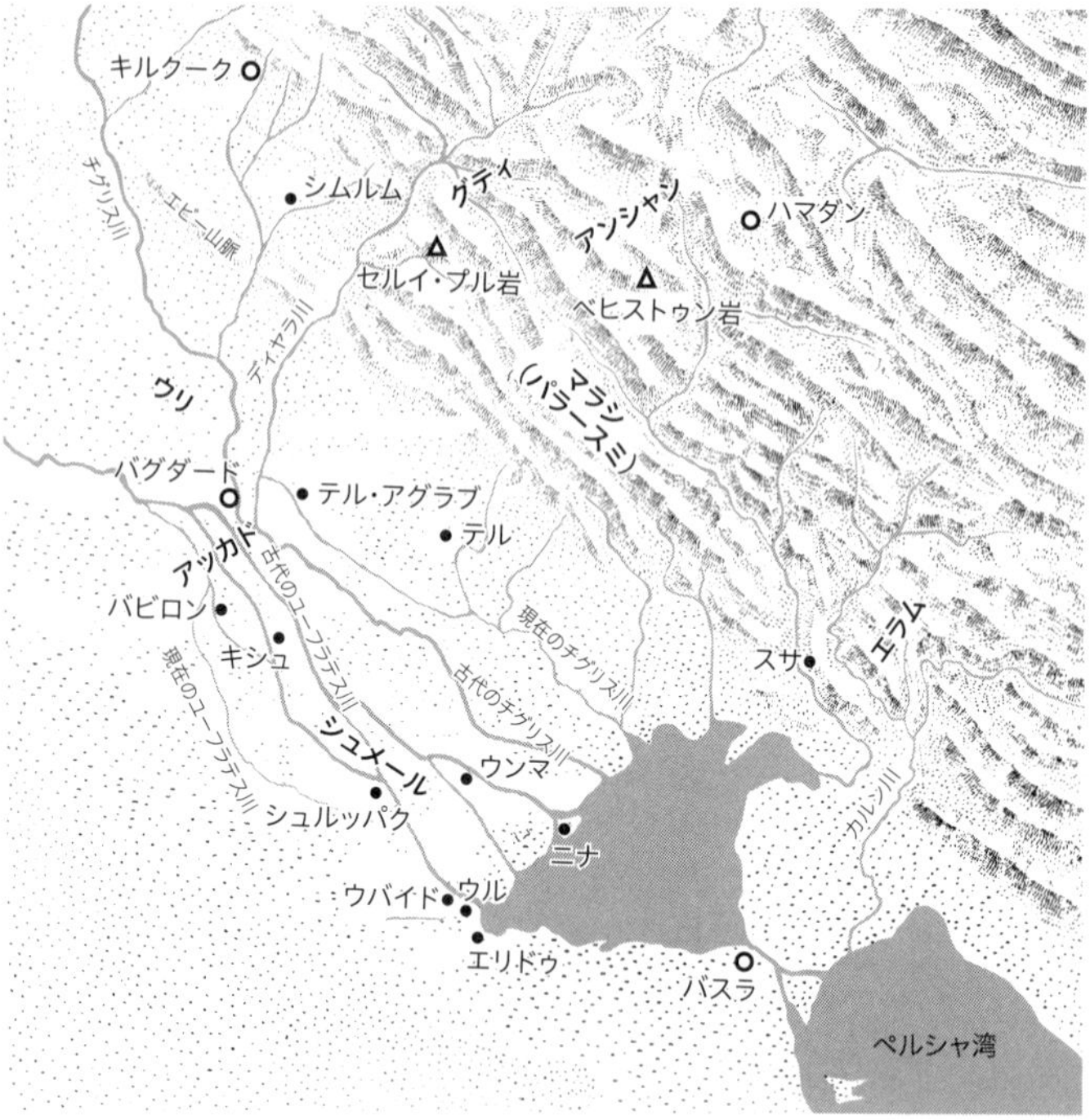

型で固めた金属）の交易があったことや中国黄河文明の殷《いん》時代より1000年古い長江（揚子江）文明が近年発見されたことなど、〃人類史上の最初のこと〃が、われわれが歴史の教科書で教わった常識よりもはるかに古いことが多いとわかると、好古家としては嬉しくなります。

シュメール語最古の絵文字の時代で面白いのは、女性の下腹部を書いて女を意味し、その下に山を表す印を書いて奴隷を意味していることです。すなわち、〃山の女〃あるいは〃山から連れてきた女〃をもって奴隷という言葉としたわけです。

文字の時代進化
『別冊サイエンス（SCIENTIFIC AMERICAN 日本語版）1976』（日本経済新聞社）より

最古の絵文字（3000B.C.）	絵文字の表しているもの	回転された絵文字	1900B.C.ごろの楔形文字	基本的な語評価 読み方	意味
	人の頭とからだ			LÚ	人
	とくに口を示した頭			KA	口
	食べ物を入れる鉢			NINDA	食べ物 パン
	口　プラス たべもの			KÚ	食べる
	水の流れ			A	水
	口　プラス 水			NAG	飲む
	魚			KUA	魚
	鳥			MUŠEN	鳥
	ロバの頭			ANŠE	ロバ
	大ムギの穂			ŠE	大ムギ

このように、紀元前３０００年頃の最古の絵文字が時代とともに進化して、紀元前２５００年頃に楔型文字になり、それが紀元前１８００年頃、アッカド人によって整理され、最終的には、紀元前６００年頃のネオ・アッシリアあるいはネオ・バビロニアの時代のかたちになっていったということです。

紀元前２８００年頃、絵文字は90度回転して向きが変わり、次に絵文字が簡略化されました。

改革者ウルカギナ王は、野心的で好戦的な隣国ウンマ国の王ルガルザッゲシによってラガシュの聖所を破壊されてしまいました。しかし、命は助かったウルカギナはその後、ラガシュの敗北について弁明の記録を残しており、その弁明の記録は心を動かさずにはおかないものといわれています。それは、ウルカギナが自らの大義の正当性を深く確信し、神々の判定が彼に最終的な勝利をもたらすであろうという信念を持っていることを披瀝《ひれき》する一文で終わっているそうです。探して読んでみたいものです。

一方、ルガルザッゲシは不名誉な最期を迎えることになりました。ニップールという都市のなかで首枷《かせ》をはめて曝され、そばを通るすべての人から唾を吐きかけられたそうです。このルガルザッゲシを滅ぼしたのが、有名なアッカド王サルゴン(在位、紀元前2350—2295年頃)でした。

彼は、その強大な軍事力をもってメソポタミアではじめて統一王朝を築き、ペルシャ湾から地中海まで征服しました。そして、自らシュメール・アッカドの王と称したのです。

紀元前2500年にはじまるラガシュ初期王朝は、ウル・ナンシェによって創設され、紀元前2350年頃に隣国ウンマ国に滅ぼされるまで150年続き、最後の王ウルカギナは9代目でした。ラガシュ王朝の創始者ウル・ナンシェは、精力的で積極果敢な支配者であり、たくさんの彫像や石碑で飾られた神殿をいくつも建て、灌漑用の大運河も掘りました。

彼は、「ときの忘れもの　2　地球温暖化で水没した〝エデンの園〟」において説明したように、シュメール人によって〝日出ずる国〟と呼ばれた楽園の国、ディルムンとの貿易を行いました。この強力な王朝を築いたウル・ナンシェ王の粘土板記録のなかに、ディルムンの船団が王に貢物として木材を運んできたという記述があります。

それから約150年後、アッカド帝国サルゴン大王の記念の彫像には、ディルムン、マガン（アラビア海沿岸）、メルッハ（インダス川流域）の船が、都のアガデに停泊したことが記録されています。

科学技術の未発達は未開・無知なのか

現代人は、4000年以上前の遠い昔の人間など、「○○文明とはいっても高度な科学技術も未発達だから、未開で無知」などと無意識に思いがちですが、それは大変な誤解です。現代文明社会と同じように数々の矛盾を抱えながらも、自然本来の人間性を保ち、立派な宗教もあり、完全な政治体制も法律もあり、完成された習慣もあったのです。

そして、「自由」という言葉も「人間らしさ」という言葉もありました。逆に現代物質文明社会のほうが自然本来の人間性を劣化させ、「人間らしさ」を失い、科学技術が暴走して自然観、倫理観を失い、進むべき方向性もわからないまま、AIに人類のバラ色の未来を託します。人為的に地球を温暖化させ、異常気象が頻発し、生態系を破壊し、資源を枯渇させながら人類の持続可能性を危うくしているのです。

約2400年前には古代ギリシャの哲人プラトンが『法律』のなかで、「すべてのものは、自然か偶然か技術（人工）によってつくりだされるが、最も偉大で美しいものは前の二つのどちらかによって、最もつまらない不完全なものは最後のものによってつくりだされる」と述べました。

この言葉を、プラトンの時代から2000年も経った16世紀、フランスの世界的な思想家、モンテーニュが『エセー』のなかに引用しています。

モンテーニュはプラトンの言葉を受けて、次のように述べています。

「技術が、われわれの偉大で力強い母なる自然よりも名誉を得ているというのは、不合理である。われわれは自然の作物の美しさと豊かさの上に、あまりに多くの作為を加えすぎて、これをすっかり窒息させてしまったのだ。けれども自然はその純粋さの輝くあらゆるところで、われわれの無益にして軽はずみな試みに赤恥をかかせている」[*4]

さて、シュメールの王様ウルカギナから約4370年、プラトン没後2365年、そしてモンテーニュ没後426年経った現在（2018年）の状態はどうでしょう。17世紀のヨーロッパではじまった科学革命につぐ第1次産業革命に続き、大量生産の第2次産業革命、そして20世紀後半からはじまったコンピュータと情報通信技術による第3次産業革命と、

*4 『エセー』
モンテーニュ『エセー』（荒木昭太郎責任編集、中央公論社、1997、p.170）

人類は驚異的な〝進歩〟を遂げました。そして、いまコンピュータとIoTとAIによる第4次産業革命が進行中です。

しかし、その科学技術が恐ろしいスピードで高度化、巨大化、グローバル化、ネットワーク化され、暴走しはじめました。自然をますます圧迫し、破壊し、荒廃させ、消滅させて人類の生存基盤まで破壊しようとしています。地球に住めなくなれば、宇宙船に乗って他の惑星に移住すればよいと思っている人もいるようです。

20万年におよびホモサピエンスが通ってきた、ユングのいう〝普遍的な無意識〟の記憶の倉庫である「過去」を切り捨て、背後から迫る闇夜に鉄砲を撃つように「未来」の〝扉を開こう〟などということはナンセンスといわざるを得ません。

好古家のささやかな楽しみ

蛇足ですが、筆者は、紀元前2350年頃にウルカギナ王のラガシュを滅ぼした、ルガルザッゲシ王のウンマ国があったところで発掘された

裏面

筆者所有の粘土板　表面

小さな粘土板を持っています（上の写真）。文字が刻まれたのは、紀元前２０９１年のものですから、ウルカギナが負けた時から２５９年経っていることになります。

その時代は、ウル第３王朝と呼ばれ、ウル・ナンムという王にはじまり、紀元前２１１２年から２００４年まで、１０８年続いた統一王朝の２代目シュルギ王の治世（紀元前２０９４―２０４７年頃）ということになります。シュルギは、古代世界で最も傑出した、最も勢力ある王の一人といわれています。

筆者が持っている粘土板は、『ギルガメシュ叙事詩』のような文学的なものを期待したのですが、解読したところ次に示す行政文書のようなものでした。

まず表面には「45クォーツの穀物をス・ハ（ＳＵ・ＨＡ）と呼ばれる王に献納した。幸運の聖所に45クォーツの穀物を、ウル（ＵＲ）の王、ビルガメシュに45クォーツ、われらの王、ス・ハ（45クォーツ……）勝利を祈願して」

裏面には、「われらの王、ス・ハ、(ラガシュの女神)バ・ウ(Ba-U)の配偶者の寺院へ45クォーツ、寺院の管理者である配偶者、私、僧侶はそのなかで、新月15日に、残った種から油を搾り、それで私はエンリル神(En-Lil)のためにつくって捧げた玉座を清めた」とあります。

ス・ハと呼ばれる王はウンマ国の支配者(エンシ)。穀物をその寺院へ、そして、強大なるアッカド人の王にしてラガシュの女神の配偶者シュルギに献納したことが記されています。ス・ハ王は、シュルギの僕《しもべ》でもあります。

ときの忘れもの5

〝MUL MUL〟から昴《すばる》へ

――いまも日本の自動車の名に生きるシュメール語

〝すばる〟の語源はシュメール語

〝昴〟はプレアデス星団の和名であり、中国では昴と書いて〝まお〟あるいは〝ばお〟と読みます。プレアデス星団は、おうし座にある散開星団。120個の星の集まりで、肉眼では6個の星がみえます。

清少納言は『枕草子』のなかで、「星は昴、牽牛星《ひこぼし》、太白星《ゆふつつ》、よばい星すこしをかし、尾だになからましかば、まいて」と書き、最も美しい星として挙げています。6個の明るい星々はみな青白い巨星で、その質量がそれぞれ太陽の6倍ほどもあるそうです。

昴は二十八宿の一つです。二十八宿とは、『新世紀ビジュアル大辞典』によると、「古代中国、ペルシャ、インドなどで使われた天球座標。黄道に沿って天球を28に分け、それぞれ1星宿（星座）を選び1宿としたもの。月がおよそ1日に1宿ずつやどるところとされる。各宿にはいちばん明るい星が最も西側にあり距星という。日本でも高松塚古墳・キトラ古墳には二十八宿図が描かれている」と説明されています。

それでは、ＭＵＬ ＭＵＬとは、ＭＵＬ ＭＵＬと昴の関係を追ってみましょう。

ＭＵＬ ＭＵＬとは、シュメール語の、〝昴〟すなわちプレアデス星団のことです。メソポタミアからシュメール語のＭＵＬ ＭＵＬが、はるばる中央アジア、中国、朝鮮を通って日本に伝わって、〝すばる〟となったということです。

このことについて、ワシントン大学のオリエント学者、ロイ・アンドリュー・ミラーは、その研究結果を、世界的に権威あるアメリカ・オリエント学会の１９８７年の年会において、同学会の講演として発表しました。筆者は、その論文 *"Pleiades Perceived : MUL MUL to Subaru"* を読んで興味を持ったわけです。この論文の冒頭部分には、「いま、アメリカの道路を走っているポピュラーな日本の富士重工の自動車名が〝すばる〟であり、プレアデス星団を意味する日本語なのである。その〝すばる〟は跡をたどっていくと、シュメールの時代に行き着く」といった趣旨のことが書いてあります。

そして、先述したシュメール学者として世界的に有名なノア・クレーマーの『シュメールの世界に生きて―ある学者の自叙伝』(久我行子訳、岩波書店)の日本語版への序文に、ミラーの論文「MUL MULからすばるへ」のことが紹介されています。そのなかで、クレーマーは、「将来のオリエント学が、たとえ回りくどい間接的な関連性ではあっても、日本の文化と古代シュメールの文化との間に、このほかのさまざまなつながりを発見するということは、考えられないことではない」、そして、「日本とシュメールという二つの文化、特にその文学の比較研究が、両文化のもっている多くの重要で顕著な諸様相に光をあて、その価値を高

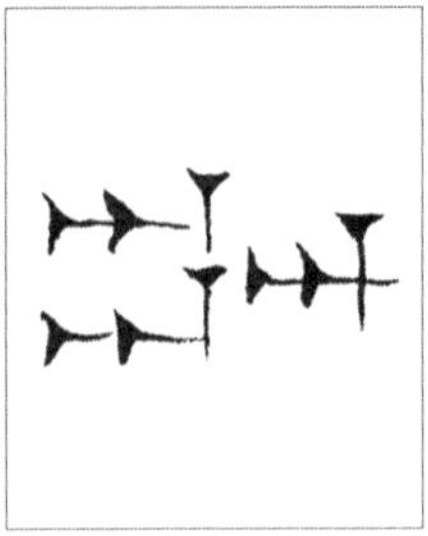
A　星(MUL)

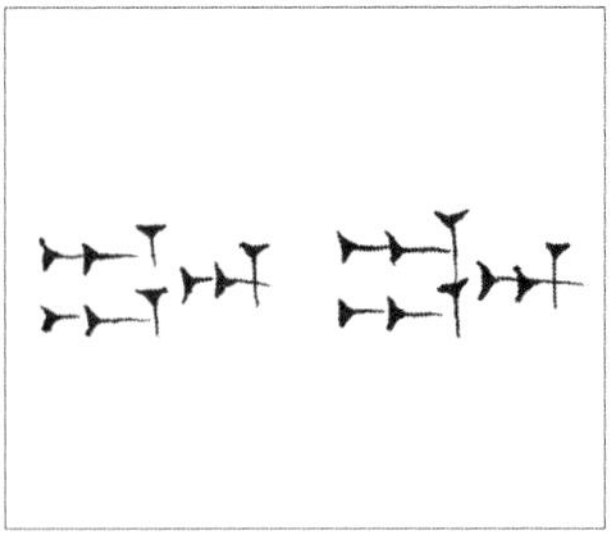
B　「MUL MUL」

C

め、明らかにするであろうことに、疑いの余地はありません」と書いているのです。こういったことについて、日本の権威あるオリエント学者あるいは日本の考古学者の意見を聞いてみたいものですが、おそらく荒唐無稽だといって相手にしてくれないのではないかと思います。

文字で書かれたプレアデス星団

ＭＵＬ ＭＵＬは、シュメール語でおうし座のプレアデス星団を意味しますが、ＭＵＬは単に星を意味します。音価としてのＭＵＬは楔型文字記号としては上図Ａのように書き、ＭＵＬ ＭＵＬはＢのように書きます。

ＭＵＬ ＭＵＬの文字記号は上記のとおりですが、中国では、殷時代に次ぐ紀元前11世紀頃にはじまる西周時代には、図Ｃのように書かれていました。

そして、漢代になって昴という漢字として確立したのです。

亀の甲や獣の骨に刻まれた殷代の甲骨文字では、昴はどのように書か

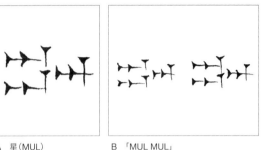

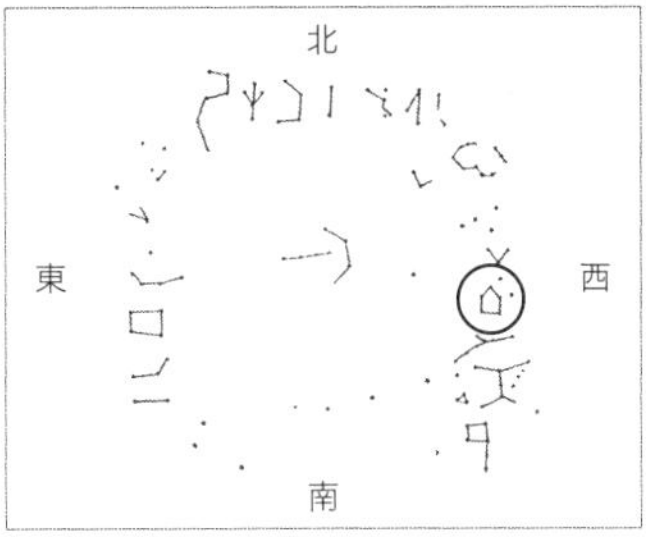

D　高松塚古墳の天井画　○印はプレアデス

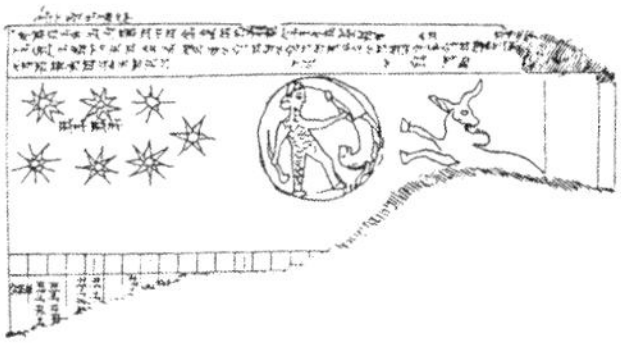
E　メソポタミアの粘土板

れていたのでしょうか。甲骨文字は現在、約１７００文字ほど解読されているそうですから、おそらく、周代の図Ｃに相当する文字があるはずです。

　プレアデスを描いたものは、メソポタミアは南バビロニアのウルクで見つかった粘土板、中国は新疆《しんきょう》ウイグル自治区の墳墓の天井画、日本の高松塚古墳そしてキトラ古墳の天井画などにみられます（Ｄ）。メソポタミアの粘土板には、図Ｅのように、左側にプレアデス、その右にバビロンの守護神で、ハムラビ王の父親といわれるマルドゥクが月のなかでライオンを退治している絵が描かれており、これは下弦の月に対する新月の勝利を表します。そして右側には黄道12星座のおうし座を表す牡牛が描かれています。

メソポタミアから中国、朝鮮そして日本へ

　さて、プレアデス星団を意味するＭＵＬ　ＭＵＬという音価が、メソポタミアから中国へ伝わり、どのようにして昴になり、最後に日本にき

て〝すばる〟になったのでしょうか。

ミラーは、プレアデスに関して、アルタイ語族のチュルク語派、モンゴル語派、ツングース語派そして朝鮮語、日本語との関連、特に音韻の類似性について調査しました。

その結果を彼は概ね次のように説明しています。

「チュルク語でプレアデスは、ウルケール（ulkar）、またはウルゲール（ulgar）、ツングース語ではイルクン（ilkun）である。〝ウル〟〝イル〟は分割（divide）または割り当て（distribute）を意味する。古代チュルク語派の人たちは、一年を季節にしたがって分割し、星座を割り当てた。すなわち、春分、秋分をマークすることを星座の主たる役割とした。また、ウルケール（ulkar）のkは分割するという動詞の強調形、arはaorist すなわち、不定過去でギリシャ語の動詞時制の一つで、単に、ことが起こったことを継続・反復などの付帯条件なしに述べる時に使う」

このような言語学上の説明に対して、筆者はまったくコメントする能力はありません。

次に、中国における昴とMUL MUL、そして日本の〝すばる〟との関係に移りましょう。

考古学者によると、古代中国ではプレアデスの音読みはmlog、その後maoとなったということです。なお、mは音声学上bとも発音されるので、「mlog=blog」「mao=bao」にもなり、したがって、「MUL—mlog/mao（blog/bao）」となります。

mlogの最後の「-g」は何でしょう。この「-g」については、言語学者もいまだ説明しきれていないようですが、シュメール語のいわゆる属格「-ak」に相当するものに由来するのではないかという語源学的な解釈もできます。しかも、前に母音がある場合には「-ak」のaは消えるということからしますと「-k」が「-g」となったと考えることはうなずけます。要するに、シュメール語のMULと中国語のmlog/maoは概ね同じ発音になるということです。

しかし、プレアデスは六つの星の集まりであるはずで、シュメール語でも、星々＝MUL MULとなっているわけですから、「mao/bao」に何らかの接頭語か数詞がついてしかるべきでしょう。これについては、〝昴〟が日本にきてなぜ〝すばる〟と読むことになったのかを考えたほうが早道のように思えます。

問題は、日本語になった〝すばる〟の〝す〟ではないでしょうか。中国語で集と書いてsu＝いくつかのという意味があります。したがってMUL MUL＝昴＝sumao＝subao＝subaluと筆者は解釈したわけです。『古事記』に、星座にかかわる女神が二人出てきます。天須婆留《あめのすばる》女命《めのみこと》と須麻流《すまる》女神命《めのみこと》であり、二人とも昴と関係があることは容易にうなずけます。すなわち、前者の須婆留＝すばる、そして後者の須麻流＝すまる、で、いずれもプレアデスにつながります。

つながりの喪失

プレアデスの星々は、ギリシャ神話にも出てきます。プレイオーネの7人の娘たち、アルキオーネ、ケレーノ、メローペ、エレクトラ、タイゲータ、アステローペ、マイヤーです。その中の、マイヤーが消えて6

個になったといい伝えられています。なぜ、マイヤーが消えてしまったのかについては、天文学上興味深いテーマだそうです。

このギリシャ神話の娘たちと、『古事記』の須麻流女神命と天須婆留女命、東西に分かれてインド・ヨーロッパ語族のギリシャ神話とアルタイ語族と思われる日本の『古事記』にプレアデスの残影がみられるのは興味深いことです。

三重県度会《わたらい》郡玉城《たまき》町上田辺《かみたぬい》というところに、棒原《すぎはら》神社という名の神社があります。天須婆留女命を祀る神社で、天照大神を祀る本社に対する摂社です。天孫降臨の際につき従った32神のうちの一人といわれています。

なお、『古事記』に女神が二人出てくると前述しましたが、天須婆留女命と須麻流女神命は同一人物であるという記述もあります。ですが、定かではありません。

ＭＵＬ ＭＵＬと〝すばる〟のように、他にもシュメール語と日本語の関連性をうかがわせる言葉（Ti-Ti と乳房、Ki と城、Une と畝など）

がいくつかあるのは面白いことです。

また、シュメール学者、クレーマーが語っているように、「将来のオリエント学が、たとえ回りくどい間接的な関連性ではあっても、日本の文化と古代シュメールの文化の間に、このほかのさまざまなつながりを発見するということは、考えられないことではない」と筆者も思いたいのです。

同じような思いに駆られて書かれたと思われる、次の本が出ていますが、いずれも著者は考古学者でも言語学者でもないため、大変失礼ながら、学会などではまず無視されてきたと想像されます。間違っていれば幸いです。

『日本語の発祥地はメソポタミア』（川崎真治著、読売新聞社）

『消えたシュメール人の謎』（岩田明著、徳間書店）

いま世界はえげつない市場原理主義経済のためのグローバリゼーションによって文化の多様性が失われ、単一化が進んでいます。一方で、かつて世界の文明圏として、お互いにつながっていたものが文明の盛衰とともに断ち切られてしまいました。メソポタミアのシュメール文明時代の文化が日本にまで伝播していた、などは、教科書に載るほどの定説にはなっていません。

しかし、世界各地の古代文明圏の間の文化交流は、意外に広域におよんでいたと考えられます。３０００年、４０００年、いや５０００年の過去にタイム・トラベルしてバック・トゥ・ザ・フューチャーする価値がある多くのことが、まだ残っているはずです。

自然人類学、文化人類学、考古学、歴史学などを古臭くて役に立たない化石のような学問だと思っている現代文明人は、歴史観が欠如しています。それには、ヨーロッパ発のモダニズム文明の〝進歩〟信仰と価値観が影響しているのでしょう。

ときの忘れもの6

世界最古の物語『ギルガメシュ叙事詩』にさかのぼる

――羅針盤による航海

磁石による羅針盤か、歯車による〝からくり〟か

〝羅針盤と御指南番と『ギルガメシュ叙事詩』〟というと、判じ物のようですが、磁石あるいは磁気コンパスを、人類がいつ頃その機能と原理を発見して、陸上の移動や航海に利用しはじめたのかという話です。

磁石を用いた羅針盤は歴史上、紙（印刷術）と火薬の発明と並んで中国における世界三大発明の一つに数えられています。磁石が鉄を引きつけるという事実は、古代ギリシャにおいても知られていたといわれてい

る一方で、磁石が南北を指す、いわゆる指極性については、やはり中国人が世界にさきがけて紀元前に発見したのだそうです。中国では、後漢の王充（1世紀後半）という人が書いた『論衡』という書物に〝磁石引針〟〝司南杓〟という記事があり、これが一番古い文献だそうです。それによると、磁石が南北を指す性質を利用してスプーン状に磁石を削り、平滑な板の上に回転させて占いに使ったらしいのです。これを「司南」といっていたようです。

指南というと、日本では武芸指南とか御指南番といって、剣道などの武芸を教え、人を指導し教えを授けることを意味します。しかし、紀元前二千数百年頃の古代中国において、黄帝という帝王が、逆臣蚩尤《しゆう》と涿鹿《たくろく》の野で戦った時、蚩尤が大霧を起こして逃げようとしたところ、南の方角を指す車、すなわち指南車をつくって濃霧のなか、迷うことなく蚩尤を捕らえることができたという伝説があります。また、紀元前11世紀頃の周公（西周の王族）が、東北の胡地から来貢した使者が帰路に迷わないように指南車をつくって与えたという記述もあります。*1

*1　指南車
桑木彧雄『科学史考』（河出書房、1944）所収「指南車及羅針盤史雑考」を参照のこと。

また、与謝蕪村の俳句に、「指南車を胡地に引去る霞かな」というのがあるところをみると、指南車の伝説は日本でも結構、人口に膾炙《かいしゃ》していたのでしょう。

さて、この指南車は、二輪車の上に、仙人などの人形が取りつけてあって、その人形の挙げている手が、車の向きに関係なく常に南を指すようになっています。しかし、南を指す仕組みが磁石の指極性を利用したものではなく、歯車を利用した〝からくり〟であったというのが、現在の定説なのです。

とはいえ、黄帝、周公時代の指南車のつくり方はまったく不明であったわけですから、のちの時代、特に晋代以降に、指南車と称するものが歯車仕掛けでつくられ、皇帝の行幸の際に先駆車として使われたとされることから、黄帝の指南車が、磁石によるものではないといわれても、釈然としないものが残ります。そして、歴史学者の先生方は、黄帝の話も周公の話も伝説に過ぎず、伝説のできた時代と、伝説の時代すなわち黄帝の時代とを同一視するのは誤りだといいます。歴史家は文献の処理が仕事と思っているので、とにかく何か書かれたものがなければ安心できないのでしょう。

したがって、彼らは伝説というと荒唐無稽な絵空事、後世の想像の産物で、信憑性ゼロとして、徹底的に否定にかかる習性があるので、素人、いや好古家にとってははなはだ面白くない、無味乾燥な化石みたいな人間と映るのです。職業柄、致し方ないと同情申し上げる次第です。


余談になりますが、トロイの遺跡の発掘で有名な、かの好古家(のちに考古学の学位を取得した)ハインリッヒ・シュリーマンが、〝プリアモス王の宝庫〟を発見したのも(のちに、ずっと古い時代のものとわかった)、少年時代に読んだホメロスのトロイ戦争の神話・伝説をひたすら信じてロマンを追い求めたからであり、彼はとうとう好古家として発掘に成功したわけです。

シュリーマンはトロイの遺跡ばかりか、トロイ攻め総大将アガメムノンのミケーネの居城、ヘラクレスが住んでいたティリンスなど数々の遺跡を発掘しました。そのもととなった神話・伝説の時代は、歴史家の説によっても、ホメロスの時代より４００年―６００年前の紀元前１３００年頃のことで、伝説の時代と伝説ができた時代は一致してはいません。すなわち、紀元前５世紀の、歴史の父と呼ばれるヘロドトスによれば、ホメロスは自分の時代より４００年以上前ではないといっており、また、紀元前４世紀前半の歴史家テオポムポスは、紀元前６８６年という説を出しています。

とにかく、かつては神話・伝説の類であったものが、いまでは、歴史的事実となっていることは多いのです。

天子の先駆車か、軍隊の先導する指南車か

指南車と羅針盤の関係については、桑木《くわき》彧雄《あやお》の『指南車及羅針盤史雑考』によると、古今東西の多くの歴史家・研究者が、指南車＝羅針盤説を唱えましたが、結局、「黄帝周公の指南車は全く伝説に止まり、その文献も余り古く遡れず、晋崔豹《さいひょう》古今注（西紀４世紀）あたりに止まり、

其後、宋時代までの指南車は、羅針盤と関係なく、指南車に羅針盤を聯想したのは、元明以後の説として知られた。他方に、磁石の吸鉄性については秦漢時代にその知識の記録があるが、磁針の指極性に就て記した支那最古の文献は宋の沈括《しんかつ》の夢渓筆談（西紀11世紀の中葉）」だそうです。

そして、歴史家にいわせると、指南の意味については、昔から中国では「天子南面す」といわれ、南の方向が尊ばれ、天子の椅子は常に南に向いていたそうです。古い宮殿、城はみなそうなっており、故宮の天安門然り、西安の城壁然りだそうです。

しかし、伝説の黄帝の時代でも「天子南面す」であったのでしょうか。そうではなく、広大な国土のなかで軍隊を間違いない方向に進めるためには、天子のことより、羅針盤としての指南車あるいは司南車が重要だったのではないでしょうか。これが筆者の見解です。

特に、胡地の蛮族、匈奴《きょうど》との戦いなどでは、軍勢の進むべき方向を正確に知ることが絶対に必要だったはずです。このことについて、司馬遷の『史記』その他の文献をいま一度、詳細に調べてみることは意味のあることではないでしょうか。

現代中国の学者、王振鐸《おうしんたく》は、燕肅という人が1027年に歯車式の指南車をつくったという文献『宋史輿服志』に基づいて、この指南車を復元したことは有名ですが、筆者は、歯車式指南車はあくまで皇帝のための先駆車であったと考えたいのです。燕肅より数千年前、伝説の黄帝の時代に、指南のメカニズムに関する文献がないのは、歯車式についても同じではないでしょうか。

歯車式より古い、磁石による指南車（羅針盤）

一方、磁石の指極性を利用した、いわゆる羅針盤の記述についてたどってみましょう。

後漢の王充の『論衡』に〝磁石引針〟〝司南杓〟という記事があることは前に述べました。また、歯車式指南車のモデルを復元した王振鐸自身が、この『論衡』の司南についても研究し、磁石の指極性の発見は西暦前にさかのぼること、磁鉄鉱をスプーンのかたちにして平板上で回転させると南北を指して止まることを確かめています。さらに、北宋代の1040年頃に書かれた軍事技術書『武経総要』には、「指南魚」なるものについて、その形状、製作方法などが説明されており、魚形の薄い鉄板を熱してから、水に入れて急冷すると、魚は水に浮いて頭は南を指す、と紹介されています。

また、前述したように、磁針の指極性について記した中国最古の文献は宋の沈括の『夢渓筆談』となっています。

さらに、羅針盤に関して最も古い記述として戦国末期の韓非（紀元前233年没）の思想書『韓非子』には、日の出、日の入りの方向を見分けるための道具として司南のことが書いてあるとのことです。この他、羅針盤に関する記述は枚挙に暇がないほどあるのですが、要するに、歯車式の指南車があった一方で、それよりもむしろ古くから、磁石による指南車（司南車というべきであるとしても）があったことも事実です。

したがって、紀元前二千数百年頃の伝説の黄帝あるいは紀元前11世紀頃の周公がつくったという指南車なるものが、軍事用の羅針盤として使用されたということは否定しきれないのではないでしょうか。

歴史の教科書には絶対に載らないことが、その後の調査・研究で実証されることは多く、近年で最もセンセーショナルなこととしては、長江文明の発見が挙げられるでしょう。これによって、四大文明の一つ、黄河を中心とする中国文明が、これまでメソポタミア文明、エジプト文明、インダス文明に比べて1000年新しいといわれてきましたが、長江文明によって一足飛びに肩を並べるようになりました。そして、世界史の古代文明に関する記述は長江文明を加えて五大文明に書き換えなければならないはずです。

さて、御指南番と羅針盤の次は『ギルガメシュ叙事詩』に移ります。

『ギルガメシュ叙事詩』と羅針盤

『ギルガメシュ叙事詩』は、ギルガメシュという名の半神半人の王を主人公としたシュメールの英雄物語です。紀元前2000年頃のギルガメシュ諸伝承をもとに、紀元前1800年頃の古バビロニア時代にアッカド語でまとめられたのが最初だそうです。したがって、これは世界最古の物語といえます。ここで、月本昭男訳『ギルガメシュ叙事詩』[*2]から、磁石＝羅針盤に関係する部分だけを抜き出してみましょう。

筆者は、この物語のなかに、海を渡るために必要な磁石を連想させるような記述を発見しました。まず、その周辺の話の筋を紹介しましょう。

「ウルクの王ギルガメシュは、〝永遠の命〟を求めて〝死の海〟を渡って旅をし、その秘密を知るウタナピシュティム老人の住む遠い島に赴こうとする。太陽神シャマシュはギルガメシュの永世希求を思い留まらせようとするが、彼は神のいうことをきかない。そして、〝死の水〟を渡るため、舟の舟師（船頭）としてウルシャナビを雇って航海を強行する。やっとの思いでウタナピシュティムのところにたどり着き、彼に会うことができ、〝不老不死の草〟を手に入れることができたが、帰途、冷たい水をたたえた泉で身を清めている間に一匹の蛇によって〝不老不死の草〟が奪われてしまう。……」というものです。

問題は、〝死の海〟を渡ろうとして舟師を雇うくだりです。舟師ウル

*2 『ギルガメシュ叙事詩』
月本昭男訳は岩波書店、1996を参照。

シャナビが大切にしている、海を渡るために必要な「石物」と称するものを、ギルガメシュが壊してしまったので、〝死の海〟を渡れなくなったと嘆くところがあるのです。

この「石物」なるものが何であるかは不明とされていますが、月本昭男訳では、『ギルガメシュ叙事詩』、古バビロニア版（M）第4欄22＋x行からみて〝死の水〟を避ける呪具の一種ではないかと脚注に書かれてあります。ちなみに、古バビロニア版（M）第4欄の「石物」に関する行を抜き出してみます。[*3]

・20＋x　[ス] ルスナブは彼、ギルガメシュに（さらに）語った。
・21＋x　ギルガメシュよ、「石物」はわたしにもたらされたものです。
・22＋x　わたしが死の水に触れないためにです。
・23＋x　ところがあなたは怒って、これらを壊してしまいました。
・24＋x　「石物」は（死の水を）渡らせるために、わたしのもとにあったのです。

同じく、標準版『ギルガメシュ叙事詩』の第11の書板、第2欄、

*3　古バビロニア版『ギルガメシュ叙事詩』
既出（p.216）。

*4　標準版『ギルガメシュ叙事詩』
既出（p.154）。『ギルガメシュ叙事詩』には標準版（前12世紀頃）、古バビロニア版（前1950－1530年）、中期バビロニア版（前1530－1000年）等があり、月本訳書にはこれら主要な版の訳書が収められている。

272行と275行をみてみましょう。*4

・272行　重い石を［足に］縛り付けた。
・275行　彼はそれらの重い石を［足から］はずした。

この2行にある〝重い石〟のことについて、やはり、月本昭男訳の脚注に「石物」と重なるようにみえると書かれているのです。

これらの記述から、筆者は、「石物」が磁石を意味し、「重い石」は、磁鉄鉱のことではないかと考えるのです。とすると、シュメールの時代から、インド洋を渡り、バーレーン島を中継基地として行われていた古代インダス文明との交易には、磁気コンパスがすでに使われていたのではないでしょうか。

この時代は、ちょうど、中国の伝説、黄帝の時代に一致します。ただし、『ギルガメシュ叙事詩』という神話・伝説はまさに歴史学者が問題にする、その伝説の時代（黄帝の時代）に書かれたものなのです。

交易で栄えたミノア文明、海洋国家の必需品

さらに、舞台はシュメール・アッカド時代とも重なる、地中海のクレタ島に栄えたミノア文明にも広がるのです。

英国の考古学者、アーサー・エバンズ卿によって、19世紀末から20世紀初頭にかけて発掘され、その存在が明らかになったクレタ島のクノッソスの宮殿を中心とするミノア文明は有名です。古代ギリシャ文明に先立つミノア文明は、ギリシャ神話にあるミノス王伝説にちなんでエバンズ卿によって命名されたわけですが、この文明も前述の『ギルガメシュ叙事詩』の時代とも伝説の黄帝の時代とも、ほぼ重なります。

このミノア文明期のクレタ島は、メソポタミアやエジプトのように、チグリス・ユーフラテスあるいはナイルといった大河を航行するのではなく、海洋国家として東地中海域を自由に航海して行われた海洋貿易によって栄えました。したがって、航海術に長けていたことは間違いありません。彼らは、ミノア文字（線文字Aと呼ばれる）を持っていましたが、いまだ解読されていないので、彼らの航海術に関する記録などはま

ったくないのです。

しかし、アーサー・エバンズ卿による『クノッソス宮殿発掘記録』に、クレタ島には地質学的に〝賦存するはずのない大きな磁鉄鉱の塊（a large lump of magnetic iron：a mineral apparently not native to Crete）〟が発見されたという記述がみられます。[*5] また、この磁鉄鉱は、宗教的な奉納物と一緒に発見されていることから、よほど貴重なものであったといえないでしょうか。もちろん、大きな塊をそのまま磁石として使えるわけはありませんが、航海の安全を祈願するためのものであったのか、磁気コンパスをつくるための原石であったのか、いずれにしても、なぜ磁鉄鉱なのか不思議です。

古代文明はそれぞれ、別々に発展していったかのように思われがちですが、文明間に広域的移動や文化的交流などのつながりが意外に多かったのではないでしょうか。

現代文明の進歩信仰が、過去（歴史）を過小評価する思い上がりを生み、学問が高度専門化あるいは〝蛸壺《たこつぼ》化〟しているために、過去と現在

*5 アーサー・エバンズ卿『クノッソス宮殿発掘記録』
Sir Arthur Evans, *The Palace of Minos at Knossos*, Macmillan and Co. London, 1921, Vol.1, p.37

の文明を、時間的、空間的につなげることができないでいます。

磁石はその指極性から陸地における広域移動と海洋航海に利用されてきましたが、吸鉄性という性質上、現代先端産業でも、小型モーターの高性能磁石はＩＴ機器の端末などに欠かせません。このように、磁石については時空を超えた伝播が行われてきました。

歴史は時間的、空間的なつながりをホリスティックに見直す必要を感じさせます。

「ときの忘れもの　5　〝ＭＵＬ ＭＵＬ〟から昴《すばる》へ」で述べたような文化の広域的伝播の例はたくさんあります。ですが、考古学者はなぜか文化の伝播主義（diffusion-ism）に極めて慎重で、パラレリズム（同時並行発生主義 parallel-ism）を主張しがちのように思います。

ときの忘れもの7

青銅器時代、鉄器時代、そして多金属器時代

——5000年前からいまに続く自然破壊

金属製錬用木炭需要と森林破壊

青銅の製造法は、約5000年前メソポタミアのシュメール人が発明しました。青銅は銅鉱石にヒ素かスズを加えて製錬します。銅鉱石を高温で溶かし出すためには、多量の熱エネルギーが必要です。石油も石炭も利用の仕方を知らない時代、森林を伐採して木炭をつくり燃料としていました。銅だけではなく金・銀・鉛の製錬のためにも多量の樹木が伐採されていたのです。森林・生態系の破壊は現代工業化社会にはじまっ

青銅器時代（B.C.3000-1100）の金・銀・銅の産地

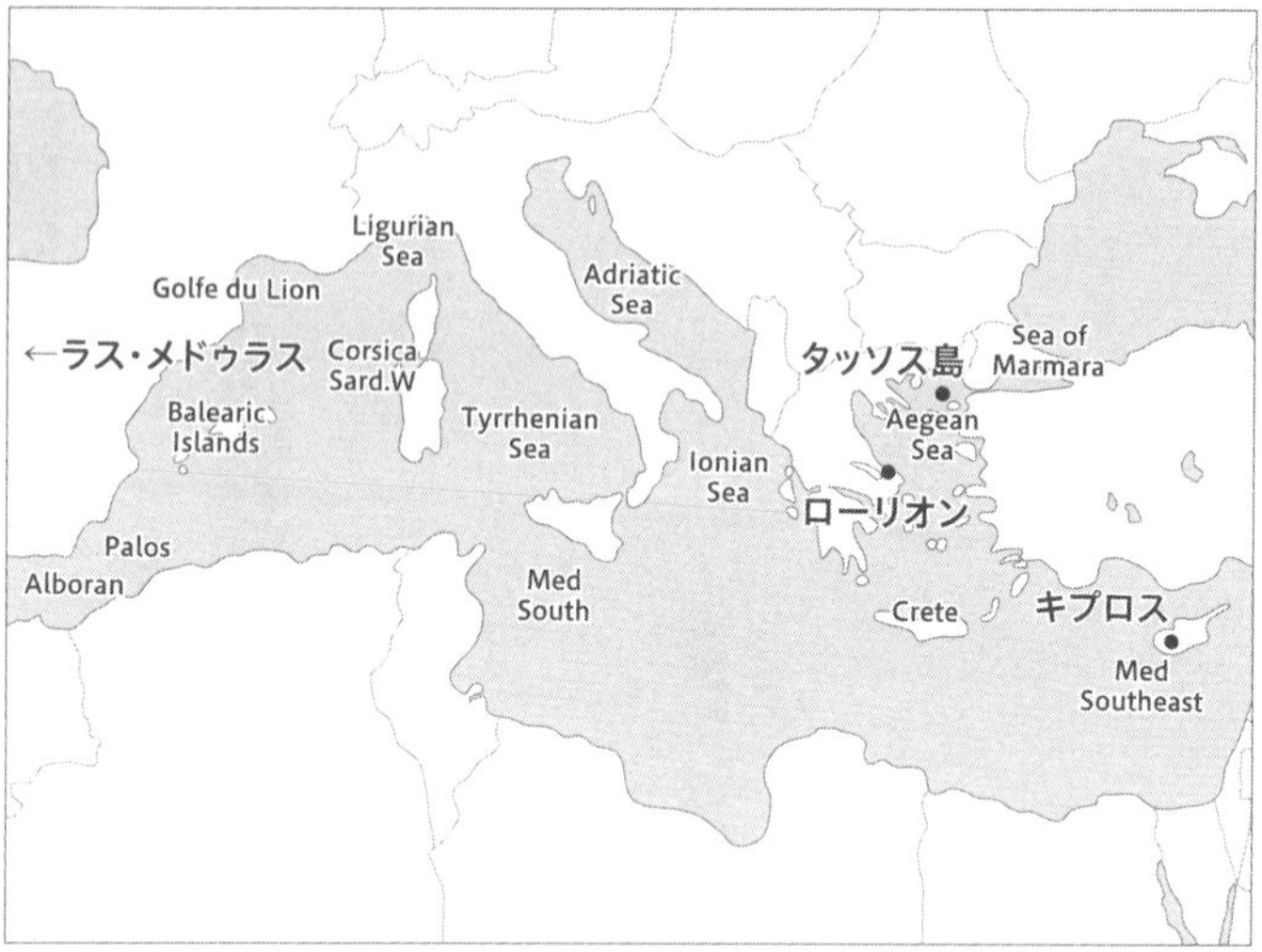

たことでも、産業革命以降に突然起きたことでもありません。人類が金属を利用しはじめた紀元前３０００年頃からです。

　メソポタミアにおける青銅器時代の幕開けからまもなくエジプト、シリア、アナトリア（現在のトルコ）、エーゲ海そしてヨーロッパへと広がり、やがて紀元前２０００年頃には中国に伝わりました。青銅器時代の銅や金の主な産地を挙げると、地中海東部のキプロス島（Cyprus）、スペインのアンダルシア地方のリオ・ティント（Rio Tinto）、金はシナイ半島のアカバ湾北のティムナ（Timna）、あるいはエーゲ海北端のタッソス島（Thasos）、そして銀はアテネの南方のローリオン（Laurion）などです（上図にない地名も含む）。現代のこれらの地域に共通していることは、気の遠くなるような

ギリシャ、ローリオン（銀鉱山跡）

キプロス島（銅鉱山跡）

長い年月にわたる森林伐採によって表土が流失してしまい、石灰岩の地肌が露出し、はげ山に近いことです。それは金属製錬用の木炭生産のためでした。

そのことは、紀元前5世紀のギリシャの歴史家、ヘロドトスが『歴史』のなかで言及しています。タッソス島は金鉱山のために「伐採された森」と呼ばれていたこと、そして金の採掘、製錬のために森は徹底的に伐採され、鉱山は「サモトラケ島を望む大山であるが、金鉱探しのためにすっかり掘り崩されてしまっている」[*1]と述べられています。

古代ギリシャ、アテネの国力の象徴であったローリオンの銀鉱山については、紀元前1世紀の人文地理学者ストラボンの時代までには「アッチカの風景のうえにできた巨大なカサブタ」といわれ、地域一帯は完全に樹木がなくなり、裸になってしまっていました。

金属生産量、木炭消費量、そして広大な森林伐採面積

米国の考古学者で、森林破壊と金属製錬の関係についての研究者、セ

ギリシャ、タソス島(金鉱山跡)

*1
ヘロドトス『歴史』(松平千秋訳、岩波文庫、1972)巻六47

オドア・ワータイムは、「ローリオンの銀鉱山では、300年間で銀を3500トン、鉛を100万トン生産したが、製錬用に使った木炭の量が100万トン、その原木のために伐採された森の面積は1万平方キロメートルであった[*2]」と試算しています。この面積は、四国の面積1万8792平方キロメートルの約53パーセントに相当します。

同じくワータイムの調査で、青銅器時代、オーストリア、ザルツブルグに近いチロル地方にあったミッテルベルグ銅鉱山では、年間20トンの銅を生産するのに180人の労働者が働いていたことがわかりました。大変大がかりなものであったようです。そこでは、製錬のためだけで森林が毎年約0・77平方キロメートル(77ヘクタール)伐採されたと試算されています。森林は再生可能な資源なので、20トンの銅に対して2・56平方キロメートル(256ヘクタール)の森林があれば、生育条件が良ければ伐採しても持続可能と推定されていますが、実際には植林などは行われず、伐採地は農地その他に利用されて再生されることはありませんでした。

*2
Theodore A. Wertime, *The Furnace versus the Goat: the Pyro-technologic Industries and Mediterranean Deforestation in Antiquity*, *Journal of Field Archaeology*, 1983, Vol.10, No.4, Johns Hopkins University Press, 1996

*3
J. Donald Hughes, *Pan's Travail: Environmental Problems of the Ancient Greeks and Romans*, Johns Hopkins University Press, 1996

ワータイムはまた、金属製錬にはどれだけ木炭が使われ、木炭の原木がどれほど必要になるかを次のように試算しています。
「銅鉱石30トンで銅地金が、当時の銅品位で1トン採れ、その銅1トンに対して300トンの木炭を使用。1トンの木炭をつくるのに原木は12〜20立方メートル必要であった。したがって、1トンの銅の製錬のために3600〜6000立方メートルの木が必要になり、樹齢100年の木1本で約1立方メートルとすると、銅1トンのために樹齢100年の木が3600〜6000本必要であったことになる」

環境歴史学者、ドナルド・ヒューズによると、ギリシャ・ローマ時代の地中海域では「金属製錬によって少なくとも7000万〜9000万トンの金属スラグ（製錬カス）が発生しており、この量から伐採された森林の面積を推定すると20万〜28万平方キロメートルになる」[*3]ということです。この面積は、ギリシャの総面積13万2000平方キロメートルの約2倍に相当する広さになります。

東地中海文明圏全域の森林破壊

地質学者リチャード・コーエンは東地中海文明圏において、青銅器時代を通して最大の銅生産・供給地であったキプロス島（英語のcopperの語源はCyprus）について次のように説明しています。

「キプロスは、もともと素晴らしい松林で覆われていたが、製錬用木炭のために完全に伐採されてしまい、表土は流失してしまった。島にはいまでも大量の銅スラグが堆積している。キプロスで銅が生産されなくなったのは、島に木炭用の木がなくなったばかりか地中海周辺の森もなくなって、安い木炭が入手できなくなり銅産業が崩壊したためである。完全に生産をやめた紀元３００年頃までに20万トンの銅地金が生産され、そのために使われた木は2億本で、キプロス島全体の森の16倍に相当する。その間、ギリシャ、アナトリア、レバノンなど、地中海周辺の森はほとんど伐採された。その後、域内の森林が枯渇してしまったために人々は、豊かな森林資源を求めて北ヨーロッパまで進出していった」*4

このように金属資源の採掘・製錬にはじまった森林・生態系破壊は、

*4
Richard Cowen, *Essay on Geology, History, and people－Chapter 4: Bronze Age*, http://rewild.info/anthropik.com/2005/10/peak-wood (The Anthropik Network 21 Oct. 2005 [Peak Wood] by Jason Godesky)

地中海世界などの各文明圏とその周辺地域までおよんだことが各種文献からもうかがうことができます。

約２０００年続いた青銅器時代だけでも、エジプト、メソポタミア、ヒッタイト、クレタ、そしてギリシャ文明を支えるため、銅・金・銀・鉛などの金属製錬用燃料としての木材の需要は膨大な量でした。金属製錬だけでなく建築用、造船用その他木材、羊や山羊などの牧畜あるいは農地拡張のために行った森林伐採も、森林破壊に大きく影響していることをつけ加えなければなりません。

紀元前１５００年頃になって、青銅に代わって鉄がアナトリアのヒッタイト人によって発明され、やがて鉄器時代に入っていくのですが、鉄をつくるためにも大量の木炭を消費します。２０００年続いた青銅器時代、そして鉄器時代を経て産業革命で近代製鉄技術が確立するまで３０００年、合計５０００年の間、世界の文明圏で森林伐採が行われたわけです。そのため、広大な面積の森林が破壊され、生物圏は大きなダメージを受けてきました。

トルコ、ヒッタイト遺跡とその周辺

地中海は海洋生態系が貧弱な海になり、ペロポネソス半島、アナトリア半島、レバノン、シリアそしてヨーロッパにかつてあった原生林はほとんど失われ、残っているのはドイツの黒い森（シュバルツバルト）のようにすべて二次林になっているのです。

森林破壊と文明の衰亡

このように、古代文明の時代から人類が続けてきた森林破壊によって歴史上何が起きたでしょうか。気候変動と文明の衰退です。森を破壊することによって発展させてきた文明が皮肉にも、それによって衰退していったことを立証したのは、世界で初めて環境考古学という新しいジャンルの学問を確立した安田喜憲《よしのり》国際日本文化研究センター名誉教授です。

その手法は、樹木などの花粉を顕微鏡で分析することによって、かつてその土地に生えていた植物の種類を正確に知ることができることを応用したものです。花粉は何千年も土中に埋もれていても、組織が破壊されないので、どういう植物の花粉であるかわかります。したがって、文明の歴史と重ね合わせてみれば、植生の変化と文明の盛衰が関係づけられるのです。

こういった研究の結果、森林破壊によって衰退していったことがわかった古代文明をいくつか挙げてみましょう。

かつて鬱蒼としたナラの森に覆われていたクレタ島に海洋国家として栄えたミノア文明（紀元前2000―1400年頃）は、クレタ島の真北に位置するサントリーニ島の大噴火と大津波（紀元前1450年頃）によって衰退し、古代ギリシャによって滅ぼされ、残った森林もすべて伐採されてしまいました。ほかに、メソポタミアとの交易で栄えたけれど、輸出用森林資源の枯渇によって衰退したインダス文明（紀元前2300―1800年頃）。アナトリアで紀元前1500年頃に製鉄法を発明し、鉄製武器によって青銅製武器を持つエジプトとの戦いで優位に立ったヒッタイト帝国（紀元前1600―1200年頃）。そして、モミ、マツ、ナラの森に覆われていた古代ギリシャのミケーネ文明（紀元前1600―1200年頃）などです。ミケーネの王、アガメムノンが総大将となってトロイ攻めを行ったのは、ペロポネソス半島の森がなくなってアナトリア半島の豊かな森林資源がほしかったからではないかとも推測されています。

人類が最初に森の破壊をはじめたのは、紀元前3000年頃のことです。それはメソポタミアで粘土板に楔形文字で刻まれた人類最古の物語『ギルガメシュ叙事詩』が発掘され、解読されたのでわかったことです。シュメールの王ギルガメシュの英雄伝説です。この物語は、ギルガメシュとその従者エンキドゥが、レバノンにある香柏《こうはく》と呼ばれる巨木の鬱蒼とした森を、その番人フンババを殺して破壊することからはじまるのです。この豊かな森林資源をめぐってメソポタミアやエジプトの諸王による争奪戦が行われ、やがて消滅していきました。

近代そして現代も止まらない森林破壊

古代世界に限らず、その後のローマ帝国、トルコ（オスマン帝国）、イラン（ペルシャ帝国）、インド（ムガール帝国）、中国（唐・宋・元・

明・清）といったスーパー・パワーを築いた文明圏でも、あるいは近代に入っても、人類は製鉄用木炭をつくるための森林破壊を続けてきたわけです。

しかし、産業革命期になって少なくとも製鉄用木炭をつくるための森林破壊は止まりました。イギリス人のダービー親子が発明した、木炭の代わりに石炭を蒸し焼きにしてつくったコークスを使う高炉、そして同じくイギリス人のベッセマーが発明した転炉によるものです。転炉は溶鉱炉から出てきた銑鉄のなかに空気を吹き込んで不純物を取り除き、大量かつ安価に品質の良い鋼鉄をつくる方法です。これらの技術は現在も使われています。

この近代製鉄技術が開発された時には、すでに英国はじめヨーロッパでは、森林がほとんど伐採しつくされていました。このようにして、木炭使用の金属製錬に伴う森林・生態系破壊は止まりました。しかし、産業革命以後の世界経済の拡大と幾何級数的な人口増加と工業化社会の進展によって、金属消費量は急増しました。その結果、鉱石の採掘量は膨大なものになったのです。

それは、消費量の増大によるものだけではありません。高品位の資源が掘りつくされ、次第に低品位の鉱石も採掘しなければならなくなったため、わずかな金属を取り出すのに必要な採掘量が桁違いに大きくなったからです（銅鉱石の品位は露天掘りの場合0・5％、金鉱石は0・0001％＝1トン当たり金含有量1グラム程度）。

しかも、発展途上国などの生物多様性豊かな熱帯雨林を切り開き、大規模な露天採掘が行われることが多くなってきているのです。樹木をなぎ倒し、表土を掘削し、鉱脈を追って膨大な量の岩盤を破壊します。とてつもない破壊力を持ったダイナマイトで破砕された鉱石を掘削して運搬する巨大なブルドーザー、ショベル、ダンプトラックなど重機械類の姿は、さながらすさまじい唸り声を響かせながら争う弱肉強食の恐竜たちのようです。鉱山の重機械類のことをメーカーはEarthmoving Equipment（大地を動かす器械）と呼んでいます。

ちなみに、世界最大の採掘規模を誇る金・銅鉱山はインドネシアのパプア州にあるグラスバーグ鉱山で、１年間の岩盤掘削量は１億６０００万トンです。

このように資源・エネルギーを多量に消費する現代の物質文明社会を持続させるために、日頃、人々が目にすることがない辺境の地で、資源採掘に伴って森林・生態系そして生物多様性の破壊がいまも続いているのです。

人類は産業革命までの約５０００年間は製錬用木炭のために、それ以降、現在までの２００年間は大規模資源採掘のために自然破壊を行っています。このまま、残された世界の森林が破壊され続ければ早晩、現代の資源収奪型物質文明が持続不可能となることは、森林破壊と文明の盛衰の歴史が教えてくれています。

熱帯雨林などの森林破壊が進めば、CO_2の吸収源を失うばかりではなく、樹木など植物に固定されていた炭素がCO_2となって放出されることになり、地球温暖化に大きな影響をおよぼします。地球温暖化と生物多様性の喪失は密接不可分の関係にあります。しかし、いま都市社会あるいは工業化社会におけるCO_2排出削減のことばかりに、議論が偏ってはいないでしょうか。

今日みられる地中海周辺各地の典型的な景観は、オリーブ、ぶどう畑、その他低木類、そしてハーブなど香りの強い草からなります。この地域を訪れる観光客にとっては美しい地中海ブルーとともに魅力です。しかし、それは意図してつくりあげたものではなく、人口増加と森林破壊によって自然が劣化していった結果なのです。

１９９２年、ブラジルのリオ・デ・ジャネイロで行われた、第１回国連地球サミットの中心的な考え方として「持続可能な開発」(Sustainable Development) が打ち出され、世界の人々からコンセンサスを得ました。それは、「将来世代のニーズを損なうことなく、今日の世代のニーズを満たすような資源利用」と説明されました。

あれから26年経ちました。しかし、その間、逆に「将来世代のニーズを満たす能力を大幅に損ないながら、今日のニーズのみを満たすような資源利用」をしてきました。そのため、世界の熱帯雨林など人類共通の自然資本としての森林は急速に消滅に向かっています。世界は、とうてい持続不可能な現在世代の便利で快適な生活を持続することのみに熱心で、いまだに未来世代に対して責任を果たそうとしていません。

いまや、森林破壊と文明の盛衰という5000年にわたる「過去」(先人)の失敗を「未来」の人たちのために、現在世代の教訓にして行動する最後のチャンスではないでしょうか。

『オデッセイ』のドイツ語訳による「過去」、すなわち「先人の失敗は後の人の教訓」が教えてくれています。

現代人は、〝限界に直面した人類最初の世代〟なのです。

ときの忘れもの8

ギリシャ悲劇、ソフォクレスの『オイディプース王』

——蛇殺しのカドモス王からはじまる未来への警告

悲劇のプロローグ

紀元前427年頃に書かれたソフォクレス(紀元前496—406年)の『オイディプース王』はギリシャ悲劇の最高傑作として有名です。日本ではいまも小劇場で時折、現代劇の素材として使われています。ギリシャでペロポネソス戦争がはじまったのが紀元前431年でした。

悲劇の発端は、アテネのあるアッチカの北側、ボイオチアのテーベを建国した、ギリシャ神話の英雄カドモス王です。神話は、カドモス王か

アレースの大蛇と闘うカドモス（ルーブル博物館蔵）

らはじまり、娘たちや、ひ孫のライオス王、そしてその息子、オイディプースにいたるまで数々の悲劇の物語が続きます。しかし、ソフォクレスが書いた悲劇は、オイディプースに関する伝説だけをクローズアップしたものです。

カドモス王がオリンポスの十二神の一人、軍神アレースの泉を護っていた大蛇を殺してテーベの王位に就いたことから悲劇ははじまります。カドモス王と妃ハルモニアーは1男4女の子宝に恵まれました。しかし、娘のセメレーは、主神ゼウスの子ディオニュソスを生んでヘラーの怒りを買い、殺されます。娘イーノーもまた、ヘラーの怒りで気が狂い、わが子を殺して海に投身自殺します。娘アウトノエーとアリスタイオスの子アクタイオーンはアルテミスに対する不敬罪で殺されます。さらに、娘アガウェとエキオーンの息子でカドモスの孫にあたるペンテウスはテーベの王位を継いだのですが、ディオニュソスによって狂気に陥れられた母アガウェに殺されます。

カドモスと妻のハルモニアーは、打ち続く不幸による悲しみからテーべを捨て、旅に出ます。絶望の果てに、哀れに思ったアレース神は二人をおとなしい蛇に変身させて救済したということです。

カドモス王から子孫にいたるたび重なる悲劇は、カドモス王のひ孫にあたり、オイディプースの父であるライオス王の時代にも起こります。『オイディプース王』の悲劇の物語のはじまりです。その悲劇もカドモスが殺した大蛇と関係があります。

物語のはじまり

カドモス王に次ぐテーベの王は、一人息子のポリュドーロスが継ぎます。そして、その息子のラブダコス、さらにその息子、つまりカドモスのひ孫、ライオスが王位を継ぎます。ライオス王は妻にイオカステを娶《めと》り、二人の間にオイディプースが生まれた時、「お前の子がお前を殺し、お前の妻との間に子をなす」という神託が出たのです。そのため、ライオス王はその子を殺させようとして牧人に預けるのですが、彼は子を殺さず山に捨てます。その子は隣国のコリントス王夫妻に拾われ、オイディプースと名づけられ、息子として育てられて立派に成長しました。

しかし、コリントス王の実子ではないという噂を耳にしたのでオイディプースが神にお伺いを立てると、ライオスに与えられたのと同じ「父親を殺す」という予言だったので、その父親がコリントス王のことだと誤解して、王を殺さないよう国を離れます。一方、ライオス王は、スピンクスなるテーベに禍をもたらす怪物が出るので、どうしたらよいか神託を得るため、デルポイに出かけます。その途中にポーキスという名の三叉路で、自分を実の父親とは知らないオイディプースに出くわします。二人はいい争いになり、お互い名も知らないままに神託のとおりライオスはオイディプースに殺されてしまいます。そして、オイディプースは怪物スピンクスと出会い倒します。

テーベでは、亡くなったライオス王に代わって摂政となったクレオーンが、スピンクスを倒したオイディプースを先王の跡継ぎにし、ライオスの妻イオカステとめあわせました。お互い自分の母親であることも息子であることも知らず、二人の間には2男2女が生まれました。

悲劇の進行

ところが、オイディプースが王になって以後、テーベは不作と疫病が続きます。クレオーンがデルポイで神託を求めたところ、テーベの禍は、「ライオス殺害による穢《けが》れのためで、殺害者を捕らえてテーベから追放せよ」という神託でした。

自分の出自について何も知らないオイディプースは、殺害者を捕らえ処罰するよう布告を出しました。そしてクレオーンのすすめで高名な予言者に殺害者は誰か尋ねたのです。予言者は占いによって真実を知りましたが、オイディプースに伝えるのは忍びなく、隠しました。不満に思ったオイディプースは予言者を非難したため、予言者もたまりかねてテーベの不幸の原因は「テーベ王、貴方自身にある」といいました。激怒したオイディプースは予言者と結託して嘘の予言をさせたのではないかとクレオーンを責めますが、身に覚えがない彼は否定するのみです。

妻のイオカステが仲裁します。彼女は予言を気に病むオイディプースを安心させようとして、ライオスとの間に子が生まれた時に、その子が父親を殺すという予言を受けたけれど、ポーキスの三叉路で何者かわからない人間に殺されたわけで、結局予言は当たらなかったと伝えました。この話を聞いたオイディプースは、よけいに不安になりました。その三叉路で人を殺したことがあるからです。

一層不安に陥ったオイディプースに対し、イオカステはライオスが殺害された時に知らせてきた従者を呼んで、事実を確かめるようにすすめます。予言が実現したことを知った従者は、恐ろしさのあまりテーベから遠く離れた田舎に逃げていました。

物語の結末

オイディプースがライオス王の殺害者と従者を追っている時、コリントスからの使者がコリントス王ポリュボスが死んだことを伝え、後継者としてオイディプースの帰国を求めてきました。自分の父親を殺すであろうという神託を受けていたので、ポリュボス王を実の父親と信じていたオイディプースは帰国を断ります。そこでコリントスからの使者は、ポリュボス王夫妻は実の父母ではないことを伝えます。これを聞いたイオカステは真実を知り、自殺するためにその場を離れます。

しかし、オイディプースはまだ真実を悟らず、イオカステが自殺しようとしていることには気づきません。そうこうするうちに、ライオスが殺される現場にいた従者がみつかり、連れてこられます。この従者はオイディプースを山に捨てることを命じられた従者と同じ人物でした。従者は真実をオイディプースに話します。すべてを知ったオイディプースはイオカステを心配してイオカステの部屋に行きますが、彼女はすでに首つり自殺していました。

罪悪感に苛まれるオイディプースは、狂乱状態でわが目をイオカステのブローチで刺して盲目になりました。死んで冥界に行って父と母に会った時、顔を見ることができないようにと思ったからです。そして、クレオーンにテーベから自分を追放してくれるように頼み、乞食になって放浪の旅に出ました。

蛇殺しの祟りと古代ギリシャのアニミズム信仰

カドモス王の神話と、悲劇『オイディプース王』の物語をつなげてみました。

なぜつなげたかといいますと、カドモス王からオイディプースまで延々と続く数々の禍と一族の不幸は、テーベ建国に際してカドモス王が行った蛇殺しという行為が共通の原因であったからです。蛇殺しの経緯は次のとおりです。

カドモスがテーベの王位に就く前に、森の中の泉の番をしている大蛇に部下たちを殺されたのでカドモスは蛇を打ち殺してしまいました。まずいことに、その泉の所有者はアレース神でした。カドモスはアテーナー神に、大蛇の牙を地中に撒くように入れ知恵されました。

そのとおりにすると、地中から武装した男たちが現れ、互いに殺し合いをはじめ、最後に残った5人がカドモス王に忠誠を誓いました。アレースはカドモスに蛇殺しの罪の償いを求めたので、8年間アレースの奴隷として仕えました。

カドモス王がテーベを創建する時に殺した大蛇の祟りが、カドモスの子や孫たちの時代で終わることがなく、ひ孫のライオス王の時代にまで現れたのです。

ライオス王の妃イオカステは、曾祖父のカドモスが殺した大蛇の牙から生まれ出て忠誠を誓った5人の戦士の子孫でした。蛇殺しが末代までも祟ったのです。

カドモス王の娘アガウェが結婚した相手が、やはり大蛇の牙から生まれた男エキオーンでした。生まれた息子ペンテウスは2代目テーベ王になったのですが、アガウェは誤って息子を殺してしまいます。

蛇など自然神を崇拝する、いわゆるアニミズム信仰の対象を殺したり粗末に扱ったりすると、祟りを受けることになるということです。

『オイディプース王』の劇中、テーベに疫病が蔓延し、作物の不作が続き、人々を苦しめていたことが書かれています。そして、2代目テーベ王ペンテウスが蛇祭りの儀式を行っている時にディオニュソスの神性を認めることを拒否したり、蛇巫女のマイナデスたちは、ペンテウスの性的乱行を疑ったり、あるいは快楽に耽り、近親相姦など社会的な規範の乱れもあったようです。

テーベを創建したカドモス王にはじまりライオス王にまでいたる悲劇が、現代そして未来に語りかけてくれていることは何でしょう。

『オイディプース王』のメッセージ

テーベは、ボイオチア中央部にある大きな湖、コパイ湖の南側湖岸に位置していました。環境考古学者、安田喜憲国際日本文化研究センター名誉教授が、１９９０年代に湖の底の堆積物をボーリング調査した結果、紀元前３０００年頃から周辺地域の土砂が流れ込み、次第に浅くなっていったことが明らかになりました。

そして、ボーリングでとれた柱状のコアに認められる年ごとの縞のなかに入っている花粉を分析しました。すると、古い時代ほど豊かな樹種の森に囲まれていたのに、樹木が伐採されていったために雨による土壌の侵食が加速され、湖に土砂が流入して浅くなってしまったことがわか

コパイ湖

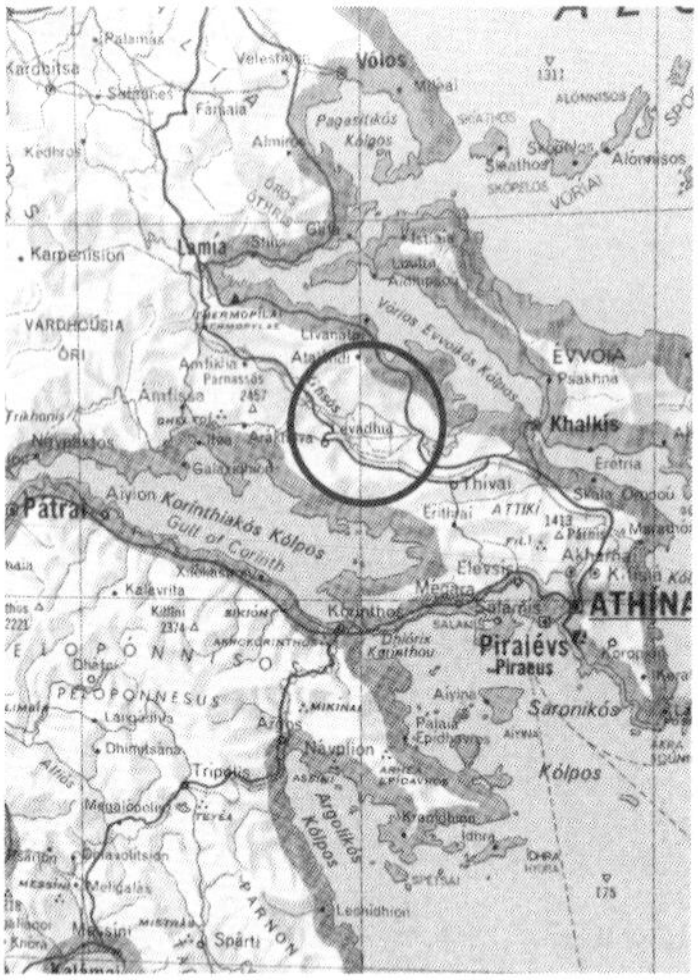

現代の地図
コパイ湖（図の○印）は埋め立てられている
(World Atlas Nations)

紀元前431年ペロポネソス戦争当時の地図
琵琶湖の半分位の湖だった
（Shepherd's Historical Atlas）

りました。「深くてきれいであった湖が、湿地帯になってしまったことが原因で、マラリアなど疫病がたびたびテーベを襲ったのではないか、作物の不作については紀元前1200年頃からはじまった気候変動（寒冷化）と森林伐採による表土流失の影響によるものである」[*1]と安田喜憲名誉教授は分析します。

紀元前5世紀のソフォクレスの時代には環境の悪化がさらに進行し、

そのうえ人々は快楽に耽り、近親相姦、同性愛などの社会的退廃といった背景があって『オイディプース王』の悲劇がつくられ、上演されたのではないでしょうか。

何千年という時代の経過とともに、コパイ湖はペロポネソス戦争当時にはマラリア蚊の巣窟のような湿地帯になり、その後、疫病の蔓延を防ぐために埋め立てられて現在のようになったのでしょう。ちなみに、ペロポネソス戦争でアテネの指導者だったペリクレスも紀元前429年、疫病（おそらくマラリア）で死亡しました。アテネの市民は疫病で3分の1が死亡したといわれています。

このような時代背景のなかでソフォクレスの『オイディプース王』の悲劇が演じられたのです。悲劇はカドモス王が泉を護る大蛇を殺したことからはじまり、オイディプースまで延々と蛇の祟りが続きます。

世界観の変容、神々は大地の女神から天の男神へ

ギリシャ神話の時代は、天候を司る男神ゼウスを主神とするオリンポ

*1
安田喜憲『蛇と十字架――東西の風土と宗教』（人文書院、1994、p.53）

稲妻を握るゼウスが描かれたギリシア、アッティカの杯

スの十二神が支配する多神教の世界でした。それ以前あるいは新石器時代には、地母神あるいは女神崇拝のアニミズム信仰でした。地母神とともに森に棲む蛇は、多産、豊穣、治癒の象徴として信仰の対象でした。また、蛇は生命の木のガードマンでもありました。

地中海周辺は蛇信仰の中心地であったと安田喜憲名誉教授はいいます。ということは、青銅器時代に入り、農業が発達してきたギリシャ神話の時代には天候神が豊かな実りをもたらしてくれるということから、神々が大地から天に移ったということでしょう。ちなみに、ゼウスは豊穣のシンボルとしての稲妻を握っています（稲光は空中窒素を固定し、雨水に溶けて窒素肥料を大地に供給する）。ソフォクレスの時代には、まだ蛇信仰あるいはアニミズム信仰の残響があったのかもしれません。しかし、世界観の中心が地上から天に昇ったのは、紀元前１２００年頃からはじまる気候の寒冷化のため、天候神が司るお天気頼みの農業にとって必然であったからでしょう。

ギリシャは紀元前３０００年頃から青銅器時代に入り、銅の製錬用に必要な膨大な量の木炭生産のために森林は伐採されていき、数千年の間にギリシャの森林はほとんど伐採されてしまったことは「ときの忘れもの7」で述べたとおりです。ソフォクレスとほぼ同時代人のヘロドトス（紀元前485―420年頃）も、『歴史』のなかで言及していることはすでに述べました。

バック・トゥ・ザ・フューチャー

『オイディプース王』の悲劇の現代人へのメッセージは、森林を破壊すると禍を招くということです。蛇は森の護り神ですから、蛇殺しは森林破壊を意味します。

メソポタミア、シュメール人が粘土板に刻んだ『ギルガメシュ叙事詩』で、英雄ギルガメシュと従者エンキドゥがレバノン杉の広大な森の番人フンババを殺して伐採をはじめてから5000年、いまやレバノン杉は1か所ほんのわずかな面積の土地に保護されて残っているだけです。

人類は5000年の間、森林破壊を続け、いまも地球規模で急速に森林が消滅しています。熱帯雨林、雲霧林、針葉樹林など、森林は人類の生命維持装置です。森林破壊と文明の崩壊の関係は歴史の示すところです。

自然と人間が共生していた時代には、ギリシャに限らず世界的に「自然万物の母たる大地は、またその墓であり、自然を葬るその墓は、同時にまたその母胎でもある」という死生観、自然観で、母なる大地の地母神を崇拝していました。そのなかで、再生、豊穣、治癒、多産の象徴としての蛇信仰も世界共通で、日本の縄文中期にも蛇信仰がありました。現在でも出雲大社のご神体は蛇とされています。各地の神社の注連縄《しめなわ》は雄、雌2匹の蛇が絡み合う姿を象徴しています。

地母神崇拝とアニミズム信仰から天候神（男神）崇拝の多神教への変容、そして自然を「支配せよ」「従属させよ」という『旧約聖書』を聖典とする一神教への世界観の変容がヨーロッパではみられます。一神教を奉ずるヨーロッパ人が、奇妙なことにギリシャ文明はヨーロッパ文明の原点であると主張します。歴史の改ざんです。むしろ、ギリシャ文明の世界観は、日本の縄文時代以降のアニミズム信仰との共通点が多いのではないかと思われます。

現代世界では、一神教の人間中心主義と17世紀にはじまる科学革命以降の西洋合理主義文明あるいはモダニズム文明が主導して、地球規模での自然破壊を行い、人々は〝分断と対立を撒き散らす経済システムの罠〟にかかって人類社会の危機を招いています。

ギリシャ悲劇は、生きとし生きるものの命を大切にする文明、人類本来のあり方への回帰、安田喜憲名誉教授が提唱するアニミズム・ルネッサンスが必要であることを教えてくれています。

ときの忘れもの9

ローマの博物学者、大プリニウスの予言

――貪欲が地球を使い果たす

2000年前のローマからの現代文明批判

大プリニウス（紀元23―79年）は、古代ローマの博物学者で政治家、そしてローマ帝国の海外領土総督となりました。彼は古代の百科全書ともいわれる大著『プリニウスの博物誌』を著し、そのなかで、次のような現代の人々に対する予言あるいは警告のようなことを書いています。

「大地がわたしたちに薬や穀物をもたらすのはその地表においてである。なぜなら大地は、わたしたちの役に立つすべてにおいて寛大で好意的で

あるからだ。しかし、わたしたちの喪失の原因、わたしたちを地獄に導くのは、大地の奥底にねむり一昼夜では形成されることのないさまざまな物質である。そんなふうにしてわたしたちの想像力は、これから数世紀後に地球を使い果たしてしまうのはいつだろうか、わたしたちの貪欲がどこまで拡大するのだろうかと虚しさに駆られながら計算する。地表にあるものだけを、つまりわたしたちの周囲にあるものだけを欲していたなら、わたしたちの生活はどんなにか無垢で幸せで洗練されたものであったろう」[*1]

この文章で、大地における〝地表〟は生物圏、〝大地の奥底〟は地殻であり、そこにねむる物質とは金属鉱物資源であることは明らかです。「数世紀後に地球を使い果たしてしまう」とは、天然資源の枯渇と資源採掘・製錬に伴う森林伐採による環境破壊と土地の荒廃のことです。また、「わたしたちの貪欲がどこまで拡大するのだろうか」という心配については、21世紀における現代文明人は、プリニウスの予測をはるかに超える貪欲を拡大させてしまっています。「地表にあるものだけを、つ

*1 『プリニウスの博物誌』
ガイウス・プリニウス・セクンドゥス『プリニウスの博物誌』(中野定雄他訳、雄山閣、2012)

スペイン、ラス・メドゥラス金鉱山跡

まり周囲にあるものだけを欲していたなら」という言葉は地産・地消のすすめでしょう。

21世紀に生きる現代人の多くは、大プリニウスが当時なぜ「数世紀後に地球を使い果たしてしまうだろう」と予言したのかという疑問を持つのではないでしょうか。その疑問には、「ときの忘れもの7」にも述べたように、青銅器時代、鉄器時代を経て現代にいたる金属資源の採掘・製錬に伴う森林破壊、気候変動そして文明崩壊の歴史が答えてくれます。

プリニウス自身、ローマ帝国の最盛期を支えたスペインのラス・メドゥラス金鉱山（鉱山跡地は現在ユネスコ世界遺産）に収税官として駐在してもいました。その当時、金を含んだ膨大な砂山を水流によって透かし掘りして一気に谷底に崩落させる採掘作業と坑夫の誇らしげな姿を視察中にみて、「征服者のように自然の崩壊を凝視する」（spectant victores ruinam naturae）と『博物誌』のなかに表現しています。そして、さらに「ラス・メドゥラスの金鉱はローマ帝国によって根こそぎ持ち去られ、土地の人々にはほとんど何も残らない跡地が返された」と書いています。

この鉱山は紀元4世紀に枯渇しました。

プリニウスは、自然を破壊し、そして得た金を奢侈の品々に交換し、快楽に耽るローマ市民たちを批判してやまなかったということです。

21世紀にバック・トゥ・ザ・フューチャーしてみると、現代の人間は、いまも2000年前と変わらず、便利で贅沢な、物質的に豊かな生活を送るために「大地から内臓をつかみ出す」資源開発による自然破壊行為を大規模に行っているのです。

もう一つのローマ時代の金鉱山、2000年前のいま

スペインのラス・メドゥラス金鉱山と同じく帝政ローマ時代、ルーマニア西部山間地、トランシルバニア地方にも有力な金鉱山がありました。ロシア・モンタナ鉱山です。

先に述べた大プリニウスは、このロシア・モンタナ鉱山にも査察官として視察にきたと推察できます。この鉱山はローマ時代から21世紀はじめまで約2000年もの間、金・銀の採掘が続けられてきたということ

1795年に採掘が終了した坑道

ですから驚きです。山塊の地下には、広範囲にわたって無数の坑内採掘の跡が残っており、坑道が縦横に走っています。2007年に世界遺産に登録されたわが国の石見《いわみ》銀山よりも歴史的にはるかに古く、規模も大きく、文化遺産として大変価値あるものとして世界的に高く評価されています。しかし、これまでこの地域は国の鉱業地帯として指定されているため、世界遺産に登録申請したくてもできませんでした。

この鉱山跡には、いまもヨーロッパ最大の金鉱山として露天掘りで経済的に採掘が可能な鉱石が大規模に残っています。鉱石中の金の含有量は1トン当たり1・5グラム、銀7グラムという高品位です。鉱量は2・2億トン、1年に1300万トン採掘したとして17年分です。金は330トン、銀が1540トン採れることになります。

これに目をつけたのが、カナダのトロントに上場するガブリエル・リソーシスという多国籍鉱山会社です。同社は1999年にルーマニア政府から権益を取得して大々的に探鉱を行い、金価格高騰から1日も早く開発をはじめようとして用地の買収と住民の移住を強引に進めてきまし

地元反対運動のリーダーとNGOメンバーたち

た。当時の政府与党としては、豊かでない財政を潤してくれる金鉱山から得られる税収、雇用を考えると開発を推進したいので、カナダと投資協定によって権益を外資に与えたわけです。

ところが、地域住民の反対組織から強い火の手があがりました。それに、80の国際ＮＧＯ、ルーマニア科学アカデミー、考古学会が加わり、レジスタンス運動が盛りあがりました。２００２年に世界銀行は融資をしないことを決定。ＥＵ議会も懸念を表明しました。

筆者が２００８年に現地取材に訪れた時の政権は反対を表明し、環境アセスメントを受理しませんでした。

反対理由は三つあります。まず、鉱山開発計画地域内２か所の谷筋には、紀元10世紀に建立された四つの教会（ローマンカトリック２、ロシア正教会２）と墓地、そして９００戸、２０００人が住む村落があるので、すべて撤去か移転しなければならないことです。それは、鉱石を粉砕して金を取り出す製錬過程で発生する２億トンのテーリングと呼ばれる細かい砂状の廃棄物を堆積するダムと、製錬に必要な水を貯めるダム

鉱山の影響によって死滅したハンガリーのチザ川の魚

を建設するためです。

二つ目は、金を鉱石から抽出するためには、シアン化ナトリウムという青酸カリと同類の有毒化学物質を使用することです。それが金を取り出した後の膨大な量のテーリングのなかに含まれています。もし大雨や急激な雪解け水によって廃棄物ダムが決壊すると、遠い川下まで大惨事となります。

実際に、オーストラリアの鉱山会社が、近隣にやはりローマ時代からあったバイア・マーレ金鉱山採掘跡に堆積されていた膨大な量のテーリングのなかに残っている金を、シアン化ナトリウムを使って採取していたところ、2000年になって大雨と雪解け水が重なってダムが決壊し、12万トンのシアン化合物を含んだテーリングが流出しました。その被害はハンガリーの川にもおよび、大量の魚が死滅しました。飲料水の取水も一時停止されました。

この惨事は世界に報じられ、金鉱山でのシアン化ナトリウム使用に対する懸念が世界的に強まりました。ロシア・モンタナでは、ヨーロッパ最大規模で採掘しようとするわけですから、反対するのは当然でしょう。

三つ目は、開発地域がローマ時代からの金鉱山跡で、考古学的にも文化遺産としても価値の大きいその遺跡が大規模露天掘りによって完全に破壊されてしまうことです。

バイア・マーレ鉱山の大惨事の後、ハンガリー政府はオーストラリアの会社に損害賠償を請求しましたが、自己破産宣告をして逃げてしまいました。結局ルーマニア政府が賠償金を支払いました。

ロシア・モンタナで開発を進めているカナダ企業は、ジュニアと呼ばれる探鉱会社で自ら生産は行わず、探鉱を終え、採掘準備が万端整った段階でメジャーの鉱山会社に権益を売り渡して逃げるのが常道です。産金世界一の資源メジャー、米国のニューモント社がガブリエル社の19％のシェアを握っています。うまくプロジェクトが進み操業開始の段階になると、ロシア・モンタナ金鉱山の権益を全部取得し、ニューモント社の所有となるわけです。

大プリニウスの時代から2000年経った現在も、世界中の資源産出国で自然破壊は進みます。それはますます大規模になっています。PC、スマート・フォン、EV（電気自動車）、そしてロボットなど現代社会の便利で進歩した、あるいはこれからもますます進歩する文明の利器を大量生産するために、金・銀・銅・レアメタルの需要は減らないのです。

世界遺産登録なるか、政府を恫喝する多国籍鉱山会社

その後、ルーマニアでは開発推進派の社会自由同盟が政権を握り、採掘を認める法案を議会に提出しました。2013年9月1日、反対する数百人の市民がブカレスト市内の大学広場でデモを行いました。デモに参加する市民の数は、9日には8000人に達し、その後もデモはさらに大規模になり連日にわたりデモを繰り返しました。

これを受けて、ヴィクトル・ポンタ首相（社会民主党党首、社会自由同盟共同議長）は、本件に関する決定権は議会にあると述べ、2013年9月9日に上院・下院双方で緊急審議を行う手続きをとったのです。そのうえで、首相は下院議員として本法案に反対票を投じる意向を表明

しました。そして、法案は否決される見通しであると述べたのです。

しかし、本件をめぐって政権の内部抗争と駆け引きが延々と続き、２０１５年11月にポンタ首相は辞任しました。２０１６年12月、総選挙が行われ、開発反対派の社会民主党が政権をとりました。２０１７年１月４日、新政権は正式にロシア・モンタナ金鉱山跡のＵＮＥＳＣＯ世界遺産登録申請を行ったのです。15年間反対し続けてきた人たちにとっては、大きな勝利でした。

ところが、まだ問題があるのです。２０１７年６月30日、鉱山会社側はこれまで約20年間にわたって投入した費用20億ドルに対する損害と、44億ドルの逸失利益に対する補償を求めて、ルーマニア政府に対して訴訟を起こしたのです。

同じようなケースは世界の発展途上国における多国籍鉱山会社による資源開発に伴って起きています。鉱山会社が所属する国と資源産出国の間の二国間投資協定によって開発が行われるのですが、住民などの反対で頓挫した場合、多額の損害賠償が請求されます。巨大な資金力と政治力と技術力を持った鉱山会社は、少々のことでは引き下がりません。そこには、人権・環境・労働・腐敗の問題がつきまといます。

その姿はまさに、プリニウスの時代の古代ローマ金鉱山、〝2000年前のいま〟です。

ここで、2018年6月21日に起きた、金鉱山開発反対派にとって憂慮すべきことを付け加えておきます。同24日に開かれる予定であった第42回世界遺産委員会で、登録が確実視されていた金鉱山遺跡の申請は、ルーマニア政府みずから辞退を申し出ました。政治的腐敗問題で年初来、政情がカオス状態になっていた矢先の辞退表明。そこには金鉱山開発推進派の政治家と多国籍鉱山会社による一か八かの巻き返しの構図が読み取れます。世界遺産登録直前のことです。

ときの忘れもの10

ナスカの地上絵を描いた人たちは、なぜ消えた？

何のための地上絵

南米ペルーのプレ・インカ文明の最も重要な一つであるナスカは地上絵で有名です。ペルー南部ナスカ市の北西25キロメートルにある広大な高原、ナスカ川とインヘニオ川に囲まれた乾燥地帯にあります。空からしか認められないような直線や巨大な幾何学模様、そしていろいろな植物や動物の絵が広大な面積にわたる砂漠に描かれています。

地上絵の存在は16世紀には知られていましたが、学術的発見としては、

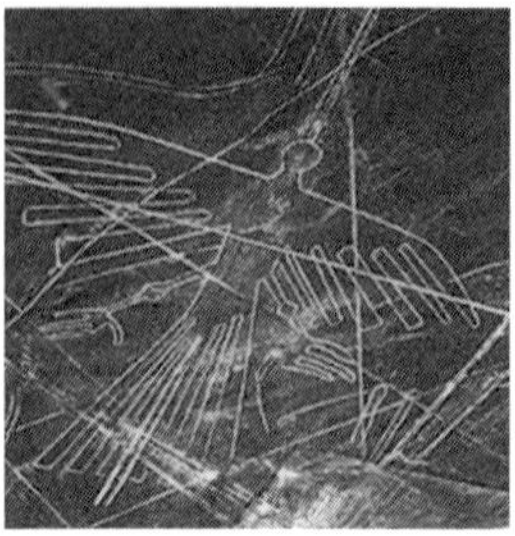

地上絵

ナスカの位置

1939年アメリカの考古学者、ポール・コソック（Paul Kosok）によって公表されました。

絵が描かれたのは、紀元前2世紀から紀元6世紀と考えられています。古代人の高度の測量技術によるもので、原画をあらかじめ描いておいて、それを現場で拡大したものであるというのが定説だそうです。

しかし、何の目的で描いたのでしょうか。これには、いろいろな説があるようです。

絵の中の直線が夏至の日の太陽の軌跡に一致すること、そのほか太陽の運行に関係すると考えられる線が多数発見されていることなどから、農耕の時期を知らせる、農業用暦として利用されたとする説。

古代では雨乞いの儀式に使用されるようなエクアドル産の貝殻が地上絵の描かれているところで発見されていることから、雨乞い儀式が行われたという説。

地上絵を描く作業を地域の公共事業として行い、その労働に対して食糧を分配する手段として利用されたとする説。

宇宙人が地球に到来する時の宇宙船発着基地であったという説。

そして、地上絵の何本かの直線は、地下の帯水層の位置を示しており、現在も取水が可能であることが証明されたそうで、地下水脈説です。

筆者は農耕の時期を知らせる暦という説に説得力があるように思います。古来、世界各地で農業と天文（食と天文といったほうがよいかもしれませんが）は密接不可分であり、種まき時期などを知ることが大変重要であったことに疑いの余地はありません。

食と天文ということに気がついたことがあります。〝食通、美食、名料理人〟を意味する英語はガストロノミー（Gastronomy）、フランス語でもガストロノミー（Gastronomie）です。このGastronomyからGを除くとAstronomy＝天文学です。GはGeo＝大地・地球です。食は〝大地と天文〟あるいは、〝地球と宇宙〟のつながりなのです。

文明崩壊の原因と、そのメカニズム

ナスカ文明は８００年の間、栄えていたのに、紀元６００年頃に突然

高原の半乾燥地帯に残るウアランゴの樹

崩壊します。

では、不思議な地上絵を描いたナスカの人たちはなぜ消えてしまったのでしょうか。

高度の文化を持っていた彼らは、最盛期には、洗練された織物や彩色壺など手工芸品の高い技術を持っていました。しかし現在は、ナスカ時代の首都であったカワチ（Cahuachi）に残された文化財はすべて考古学的遺物になっています。

2009年のこと、ナスカ文明消滅の謎に答えたのが、英ケンブリッジ大学の調査隊の報告書です。この報告は多くのメディアが報じ、世界的に大きな反響を呼びました。

例えば、11月2日、米『デイリー・ニュース』は、「オアシスの木を伐採してしまったことが古代ペルー文明を崩壊させた」と伝え、同日、英『インデペンデント』は、「ナスカの人たちの大きな過ちは、ウアランゴを伐採してしまったこと、それはなぜか」と題して伝えました。*1

調査隊のリーダーのデイヴィッド・ベレスフォード - ジョーンズ（David Beresford-Jones）とともに調査研究に参加したキュー王立植物園（Royal Botanic Gardens, Kew）のオリバー・ホエーリー（Oliver Whaley）は、報告書の共同執筆者として、「地上絵を残したナスカの人たちの滅亡は、森林伐採で加速された。その過去の過ちが、いまの時代に重要な教訓を与えてくれている」と結論づけました。

以下、世界のメディアが報じた報告書の内容を要訳してみます。

「ナスカの滅亡は、伐採された森林の樹木が問題であった。樹木の名はウアランゴ（Huarango）といい、アカシアのようなマメ科の植物で1000年以上生きて巨木になる。現在でも数えるほどだが巨木が残っている。

ナスカの人たちが住んでいたのは半乾燥地域で、トウモロコシ、サツマイモ、カボチャ、キャッサバなどの農作物を育てるための灌漑水路を建設することによって生きてきた。この農業によって安定した食糧供給が行われたために、比較的洗練された文明を築くことができた。このた

*1　英ケンブリッジ大学の調査隊の報告
DAIRY NEWS 2 November 2009,Clearing oasis trees felled ancient Peru civilization by Andy Coghlan.INDEPENDENT News,Science 2 November,Why the Nasca's big mistake was to cut down the huarango trees by Steve Connor, Science Editor

びの新しい調査研究結果によると、その文明は突然の終焉の時を迎えた。

それは農地を拡大するためにウアランゴの樹を切り倒してしまうという過ちをおかしたことが原因であった。それまで、エルニーニョ現象が起きるたびに発生する洪水から河岸に生えているウアランゴの樹が守ってくれていたのに、樹林がなくなって、洪水が河岸とそれに続く土地を侵食し、灌漑システムを破壊し、土壌を洗い流し、豊かだった農地を砂漠に変えてしまった。

ウアランゴの葉は、空気中の水分を取り込むだけでなく、マメ科の植物の特徴である、顕著な空中窒素の固定能力を持っており、それに、食物、木材、燃料にも利用できるという重要な資源であった。

木の葉が空中窒素を固定し、その葉が落ちると痩せた土壌を肥沃にしてくれる。

しかも、ウアランゴは生態学でいう砂漠地帯におけるキーストーン種（中枢種：生態学用語で、比較的少ない生物量でありながら生態系に大きな影響を与える生物種のこと）で、土地の肥沃度を高めるだけでなく、砂漠の極端な環境状態を緩和する。それは巨木で樹冠が大きいため、その下の微気象を改善するからである。そして、木の根は、他のどんな樹木に比べても深く水を求めて地下60メートルにもおよび、根系（root system）が張って洪水によって形成された氾濫原をオアシスにして下支えしている。定期的に洪水がきても、物理的にオアシスを維持固定する役割を果たしてきた」

これまで、多くの専門家が、ナスカ文明崩壊の原因は1000年に一度の最悪のエルニーニョの一つによってもたらされたと考えていました。しかし、それはストーリーの一部に過ぎないという確たる証拠をケンブリッジ大学調査隊がみつけたのです。

調査隊によると、ナスカの衰退は自己崩壊で、それは壊滅的な気候変動から農業を守ってくれていた樹林の伐採によってはじまったということなのです。

人間側の過ち、すなわち壊れやすく、不毛な土地のエコシステムにおける環境マネージメントの間違いによるものであるという結論です。ナスカ人が生活してきた半乾燥の環境を維持保全するという極めて大きな役割をウアランゴが果たしており、彼らの農業の成功は樹林によって与えられる保護なしには不可能であったという発見は、疑いなく現代人に対する警告の響きを持っています。

農地を拡大するためにウアランゴを伐採したことは、自分たちの生命維持装置を破壊したということです。樹林の伐採が次第に進むうちに、エルニーニョによる洪水の影響によってその地域特有の異常な風（最大時速100キロメートルにもおよぶ）にさらされ、砂漠化してエコロジカルな許容限界を超えてしまったのです。

ウアランゴが伐採され農地が拡大した証拠

ケンブリッジ大学調査隊は、ペルーのリマにあるフランス・アンデス研究所のアレックス・シェプストゥ‐ラスティ（Alex Chepstow-Lusty）とともに、ナスカ地区のオアシスがあったアイカ川（Ica river）渓谷の土壌をボーリングしました。その結果、ウアランゴが農地造成のために伐採されてしまった明白な証拠をみつけました。[*2]

その証拠は、花粉分析という方法で得られたものです。ナスカは紀元前後から紀元600年まで存続はしたのですが、紀元300年はじめ頃から文明の衰退が徐々にはじまっていることが突き止められました。

ボーリング調査の深さは1・5メートルで、深さに応じた土壌の中の花粉を分析したところ、一番古く最も深い層から出た花粉の70％がウアランゴのものでした。次いで1・2メートルのところの花粉はウアランゴのほかに、トウモロコシ、綿がまじっていたのです。それは農地が拡大しはじめた頃を示しています。紀元200年から紀元400年の時代に相当する深さ0・8メートルでは農作物の花粉が優勢になり、ウアランゴの花粉は急に減っています。それは、ウアランゴがほとんど伐採されてしまったことを示すものです。紀元500年に相当する0・5メートルの深さになると、突然、塩水でも育つアカザ科とヒユ科の植物の花粉だけになりました。このことはナスカを破滅させた洪水の爪痕を示し

*2
Latin American Antiquity, Vol.20, p.303

ています。

歴史の教訓

調査隊は、数百個のウアランゴの切り株も発見し、樹林の伐採を確認しました。人々が乾燥地帯で生きるためには、そこに育つウアランゴのような原生種の樹を保護することが必須なのでしょう。世界人口の5分の1を占める最貧国の人たちが環境劣化で受ける苦しみは、森林伐採によって引き起こされるということです。ナスカで起きたことは、われわれに教訓をもたらしました。しかしペルーでは、いまでもわずかに残ったウアランゴは木炭をつくるために違法に伐採されているのです。

ナスカに限らず、イースター島でも、紀元1200年から1500年に島の樹木の大半は原住民によって伐採されてしまいました。ヤシの木の消滅がエコシステムを破壊し、野生生物を追い払い、水源は干上がってしまいました。

マヤ文明にしても紀元900年までユカタン半島を横断して伸びてい

ましたが、都市は放棄されてしまいました。旱魃《かんばつ》が続き、文明は拭い去られたということです。

２００９年11月２日―６日にバルセロナで行われた国連気候変動会合には１７５か国が集まり、地球温暖化防止のための熱帯雨林保護が訴えられました。それと同じ11月２日にナスカ文明崩壊の調査研究結果が世界に向けて発信され、大きな反響を呼びました。

日本では、メディアでほとんど報じられることもなく、話題にも上りませんでした。ナスカという古い文明の崩壊の原因など、遠い国の消え去った過去の、まったく興味のないことというのが現代日本人の価値観でしょうか。

世界の先進諸国の人々の狂ったような天然資源の過剰消費により、発展途上国の森林の破壊が地球規模で進み、ナスカと同じ過ちを繰り返しているのです。

現在に生きるわれわれに、過去の過ちが確かな未来に進むため足元に光を投げかけてくれているのに……。

ときの忘れもの11

16世紀、二人のヨーロッパ人に生きる古代の自然観

――シェークスピアとモンテーニュ

シェークスピアの自然観

17世紀ヨーロッパで科学革命が起き、18、19世紀の産業革命につながるのですが、これらの革命に伴って、人間中心主義と西洋合理主義が世界を席巻し、現代もその延長線上にあるといえましょう。

しかし、科学革命前の16世紀における、文豪シェークスピアと大思想家、知の巨人であるモンテーニュがどのような自然観を持っていたかを調べてみますと、現代にバック・トゥ・ザ・フューチャーしたい興味深

いことがわかりました。

シェークスピアの『ロメオとジュリエット』第2幕第2場に、カトリックの修道僧ローレンスが劇中はじめて登場する場面があります。ヴェローナの城壁の外で花や薬草を摘んで籠に入れながら、草木など自然界について精神的あるいは哲学的な瞑想をする、その詩的なセリフのなかに次のようなものがあります。

「自然万物の母たる大地は、またその墓であり、自然を葬るその墓は、同時にまたその母胎でもある」

人間を含む自然万物は、母なる大地(母体あるいは母胎womb)から生まれ出て、また大地(墓tomb)に還ります。したがって、母胎はまた墓でもあるといった意味のことをローレンスはつぶやくのです。ここで、wombとtombが脚韻を踏んでいます。

このローレンスの哲学的瞑想は、カトリックの修道僧のものとしてはすこし違和感を覚えます。むしろ天国と地獄について瞑想するのならわかりやすいのですが。当然ながらシェークスピア自身の自然観によるものでしょう。

しかし、ただ自然観を吐露しただけではないと思います。シェークスピアは、『オセロ』にもwombという言葉を使っているからです。

第1幕第3場、イアゴの次のようなセリフのなかに出てくるもので、「未来（将来）に現れるべき、起こるべきこと」として「There are many events in the womb of time which will be delivered……」とあります。このことから、シェークスピアはwombとtombを使ってロメオとジュリエットの二人にこれから起きる悲劇を、ローレンス修道士の口から予言させたのではないでしょうか。

ここで、あることに気がつきました。胎内（子宮）のなかも墓のなかもいずれも暗いということ。さらに、sombre（英・仏）は暗い、陰気な、という意味です。tomber（仏）というと落ちるという意味で、bomb(e)（英・仏）は爆弾です。みな暗いイメージということで共通していることと、ombを含んでいることです。combe（英・仏）といえば深い狭い谷、これは子宮を連想させます。zombi（南アフリカの土語）という言葉もあります。魔法で夢遊状態に生き返った死体のことです。墓を連想させます。

こうしてみると、シェークスピアの自然観はキリスト教徒のものではないのではないでしょうか。なぜなら、ローレンス修道士のセリフは、生と死と再生という新石器時代から続く人類共通の自然の循環思想を素直に表現しただけのように思えるからです。

もちろん次のような反論があるでしょう。「『創世記』第1章31節には『神は創られたすべてのものを見られていわれた。はなはだよしと』とある。したがって、修道士が大地について語り、地上の被造物である草や花について語り、そして天なる父としての神との関係における人間の生死について語りはじめるのは当然のことだ」と。

新石器時代にさかのぼる生と死と再生祈願

新石器時代から世界に共通した再生祈願というものがあります。人間

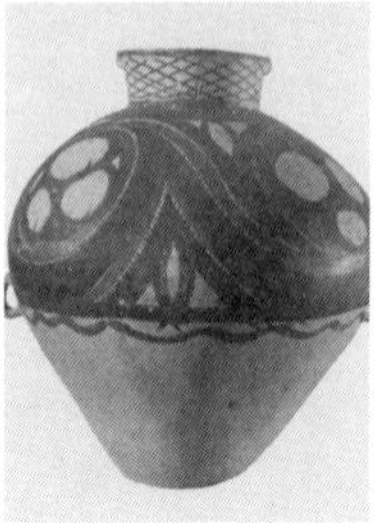
A 中国新石器時代の骨壺

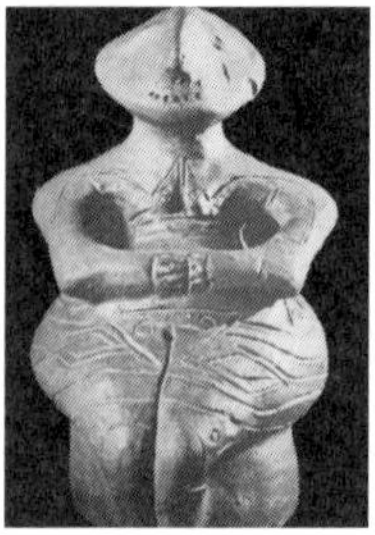
B トラキアの土偶(地母神)

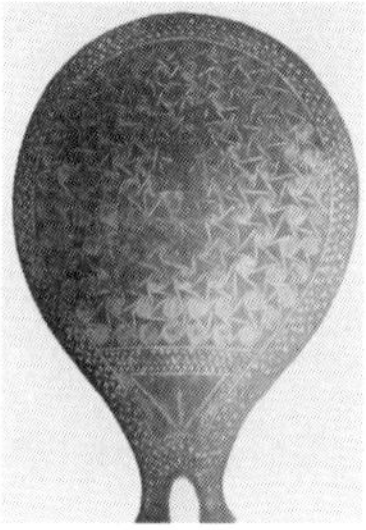
C キクラデスのフライパン

は母なる大地(母体または子宮)から生まれ出て成長し、成人になるとやがて老化がはじまり死に至り、母なる大地に戻る。そこで、またこの世に生まれ出たいと願うのです。

このことは、例えば、中国の新石器時代の紀元前2000年紀の骨壺といわれる彩色土器に描かれた模様(写真A)、やはり新石器時代のトラキア(バルカン半島東部のブルガリア領内)の地母神といわれる土偶の下腹部に描かれた模様(写真B)、そして紀元前2500—2200年のキクラデス(地中海の島々)の〝フライパン〟と呼ばれる土器のプレートに描かれた女性の胎内と膣を表す模様(写真C)など枚挙に暇のないほどです。

その模様とは写真A・B・Cでわかるように共通してダブル・スパイラル(次ページ図)なのです。地理的には遠く離れていても、まったく同じ渦巻模様です。片方のスパイラル(渦巻き)の中心から外巻きに渦を巻いて次第に円が大きくなり、ある大きさで渦は隣に移り、今度は内巻きに収縮してゆき、最後に点になります。

ダブル・スパイラル

二つのスパイラルの間に窪が描かれていることも共通しています。トラキアの土偶とキクラデスのフライパンには、ダブル・スパイラルの下に明らかに膣とわかる窪が描かれています。これらダブル・スパイラルとその間の窪（膣）が、生と死と再生を表し、その出入口としての膣が描かれていることから、再生祈願の道具あるいは骨壺としてつくられたと考えられます。このダブル・スパイラルはその後、時代が下り、現代に至っても装飾模様として使われています。再生祈願としてではないのですが……。

シェークスピアが『ロメオとジュリエット』にwombとtombで表現したのは、人類に刻まれた新石器時代から続く生と死と再生という自然観あるいは普遍的な無意識ではないでしょうか。

シェークスピアは１５６４年生まれでしたが、同じ16世紀、31年前に生まれたモンテーニュの世界的な名著『エセー』に彼の自然観が書かれています。

モンテーニュのヨーロッパ文明批判

16世紀、フランスの世界的な思想家、ミシェル・エイケム・ド・モンテーニュ。『エセー』は、近代精神の出発点となった名著といわれています。

その『エセー』第1巻第31章「人食い人種について」が興味深いのです。原題のDes Cannibalesは野蛮な人食い人種という意味ですが、新大陸の先住民のことです。

モンテーニュが『エセー』を書いたと推定される1578―1580年頃は、コルテスやピサロといったスペイン人やポルトガル人、イギリス人、フランス人、オランダ人によってアメリカ大陸支配が進んだ時代です。ヨーロッパの人たちは新大陸の先住民族のことを未開人、野蛮人、そして人食い人種と呼んでいました。

それに対して、モンテーニュは第31章のなかで次のように書いています。

「わたしの聞いたところによれば、この新大陸の住民たちには、おのおのが自分の習慣にないものを野蛮と呼ぶのでないとすれば、野蛮で未開なところは何もないと思う。本当のところ、われわれは、われわれの住んでいる国のさまざまな意見や慣習についての実例と概念以外には、真実と道理の基準を持っていないようだ。その土地にもやはり完全な宗教があり、完全な政治体制があり、すべての事柄についての完璧な完成された習慣がある。われわれが、自然がおのずからその通常の進行によって生み出した果物を野生と呼んでいるのと同じように、彼らは野生なのだ。本当に、われわれが人工によって変化させ、一般の秩序からそらせてしまったものをこそ野蛮と呼んで当然なのではないか。前者のなかでは、本当の、さらに有用で自然本来の美徳と本性が生き生きと力強く存在しているが、それをわれわれは後者のなかで、品質を落とし、ただ、われわれの腐敗した趣味に快適に合致するようにしてしまった」*1

モンテーニュは、科学技術あるいは文明が〝進歩〟していない世界に生きている〝野蛮人〟に自然本来の人間性が保たれているのに対して、

*1 『エセー』
『モンテーニュ』(荒木昭太郎責任編集、中央公論社、1997)

ヨーロッパ人は人間性の品質を落としてしまっているではないかというのです。腐敗したヨーロッパ社会に対する痛烈な文明批判です。

『エセー』のこのくだりの考え方が、18世紀のフランスの政治哲学者、社会思想家ジャン＝ジャック・ルソーの文明観に強く影響を与えたといわれています。

レヴィ＝ストロースによるアマゾン先住民のフィールド調査

モンテーニュから4世紀後の20世紀、モンテーニュを高く評価していたフランスの人類学者、クロード・レヴィ＝ストロース（１９０８―２００９年）は、アマゾン源流地域の先住民族の村々で人類学的調査を行いました。その際、先住民の首長に、１５６０年にモンテーニュがフランスのルーアンの町で、ある航海者が連れ帰ったブラジルの３人のインディオに会って質問したことと同じ質問をしたところ、その回答がモンテーニュが得た答えと一致していたことを、その著書『悲しき熱帯』のなかで次のように語っています。

「モンテーニュはインディオの一人に、お前の国では首長（モンテーニュは王と言った）の特権は何なのか、と尋ねている。それに対して、彼自身首長だったこの先住民は、それは戦いのとき先頭に立って進むことだ、と答えた。モンテーニュはこの話を、『エセー』の中の有名な1章（第1巻第31章「食人種について」）で物語り、この誇りに満ちた定義に驚きの目を瞠《みは》っている。しかし、私にとっては、4世紀後に、全く同じ答えを聞いたということの方がさらに大きな驚きであった。文明化された国は、その政治哲学において、これほどの持続を示しはしない！」*2

レヴィ＝ストロースが首長の特権について聞き取り調査をした先住民によれば、首長を意味する言葉は「ウリカンデ」といい、「統一するもの」あるいは「一緒につなぎ合わせるもの」だそうです。このことについてレヴィ＝ストロースは「首長は集団が集団として成り立ちたいという欲求の原因として現われて来るものであって、すでに形成された集団が抱く集権的な権威の必要の結果、生まれるのではないというこの現象を、先住民の精神が意識していることを暗示している」、そして「個人的威

*2 『悲しき熱帯』
レヴィ=ストロース『悲しき熱帯II』（川田順造訳、中公クラシックス、2001、p.222）

信と人に信頼を抱かせる資質とは、ナンビクワラ社会における権力の基盤である」と述べています。

〝野蛮な〟いや〝野生の〟先住民族に学ぶべきことは多いのです。しかし、21世紀の現在でも、先進工業国といわれる国々には、世界に4・5億人いる先住民の人たちのことをいまだに未開で野蛮で貧しい人たちという見方をしている人が多いのです。特に、発展途上国といわれる国の豊かな資源（森林資源やエネルギー・鉱物資源）があるところに自然と共生して生活している人たちは、先進工業国の資源収奪型開発による強制移住、人権侵害、環境破壊そして文化・伝統の崩壊によって悲惨な状態に追い詰められているのです。〝資源の呪い〟はいまも続いています。

人類学者によると、いまや世界で狩猟採集に近い生活をしている先住民族はもう70万人から80万人に減ってしまったということです。

ときの忘れもの12

ニューカレドニア先住民族の自然観と死生観

——凌辱された先祖が生きる森

世界有数の植物多様性とニッケル鉱山開発

ニューカレドニアは現在フランス統治下にあり、日本では〝天国に一番近い島〟として有名です。

森村桂《かつら》の同名の小説が1966年に出版され、映画化もされて大ヒットし、若者の憧れの島となりました。いまも新婚旅行で訪れるカップルが多いようです。小説の舞台は、ニューカレドニア本島ではなく、東側のウベアという名の小さな島ですが、鯨のかたちをした本島は世界有数

ニューカレドニアのニッケル鉱山

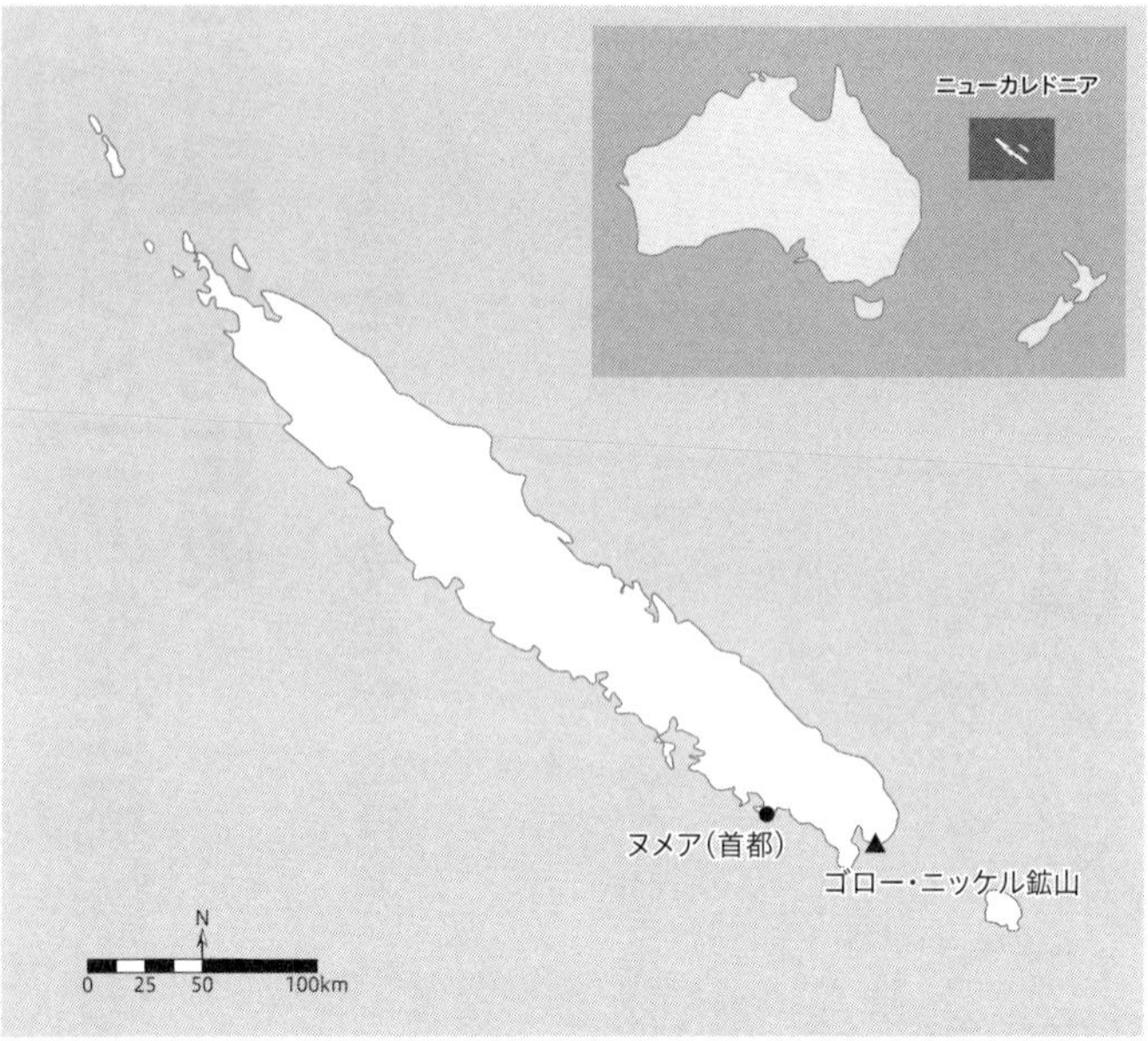

のニッケル資源に恵まれ、150年前から各地でニッケル採掘が行われてきました。そのため、島はかなりの地域が採掘によって荒廃し海は汚染されてきました。

2002年のこと、カナダの多国籍鉱山会社が新規にフランス政府から権益を取得して世界最大のニッケル鉱山の開発を計画し、2004年に開発工事をはじめました。ところが、ニューカレドニアには人口の45％を占めるカナック族という先住民族が、紀元前1500年頃から住んでいます。彼らはフランス統治下、生活も考え方も植民者とかなり同化してはいますが、フランスからの独立志向も強く、2018年11月には国民投票も行われることになっています。

ブルドーザーでなぎ倒される森林

新規鉱山開発に反対する先住民

彼らは自分たちの先祖は鯨であり、鯨はカナック族の人々そのものを象徴する最も神聖な存在であるとしたのです。開発計画地域は島の南端ゴロー（Goro）に位置し、鯨の目に相当する神聖な場所です。しかも豊かな森に覆われ、世界でこの島にしかない樹木、植物の固有種が驚くほど多く、０・５ヘクタールに８種類もあり、植物の90％以上が固有種といわれています。

ちなみに、ヨーロッパ全域８００万平方キロメートルに固有種は13種しかありません。そのため、その地域は植物の特別保護区になっていました。その保護区の指定を解除して外資に開発させようというわけです。先住民の同意を取ることなく、また、十分な環境アセスメントも行いませんでした。

当時、世界はステンレス鋼をつくるためには欠かせないニッケル不足で、資源争奪戦が行われていました。開発対象の地域には３５００年前からの先祖のスピリットが森・川・海のいたるところに棲んでいると信じているカナック族は、特に森を大切にし、植物に関する知識は極めて豊富で、固有の文化・伝統を先祖代々引き継ぎながら暮らしてきたのです。大規模ニッケル鉱山開発は、最も植物が豊かで多くの先祖のスピリットが棲む森を、怪獣のような巨大なブルドーザーで情け容赦なくなぎ倒し、表土を掘削し、鉱石を採掘し、川・海を汚染します。彼らにとっては、とうてい許すことができない蛮行であり、激しい反対運動を展開しました。フランス本国からは100人の警備隊が鉱山に常駐していました。しかし、鉱山は完成が大幅に遅れ、投資額も当初の1450億円が4500億円にふくれあがり、2010年にようやく操業を開始しました。

破壊された先祖が生きる森

先住民族にとっては先祖が暮らしていた「過去」は決して死ぬことはなく、そのスピリットは「先祖のユニバース」(ancestor's universe) としての森に、山に、そして海にあるのです。人々は無意識にスピリットとの対話をして、過去と現在と未来を美しく結び合わせてきたのです。

やはり、過去は過ぎ去った背後にあるのではなく視界に入る前方にあり、現在世代の人は、背後の暗闇から生まれてくる未来世代に、過去の文化と伝統という光を当ててやらなければならないのです。

ニッケル鉱山開発がはじまろうとした２００２年のこと、その南側の海に不可解なことが起きました。

毎年、生命の循環と、新しいはじまりのシンボルである主食のイニャムと呼ばれる芋の植えつけ時期に、親子の鯨が沖に現れ、尾鰭《おひれ》で海面を叩く音で知らせてくれるそうですが、どうしたことかその年には鯨の親子は現れませんでした。その代わりに季節外れの1月に、弱ったシロナガスクジラの子が一頭のろのろと海岸近くに現れました。その鯨をねらって巨大な鮫がまず襲いかかり、次いで血の匂いを嗅ぎつけた数十匹の小ぶりの鮫が寄ってたかって肉を食いちぎってしまいました。カナックの人たちは、この出来事を先祖からのお告げ、あるいは予兆と受け取りました。

子鯨はカナックの若者たちを象徴し、鯨を襲って食いちぎる鮫たちは多国籍巨大企業と産業化を象徴しているというのです。若者たちは鉱山開発によって雇用が生まれ、永遠に便利で豊かな生活ができるという幻想に囚われ、伝統を守って生きるべきだと主張する親や祖父たちとの間にくさびが打ち込まれ、世代間が断絶します。まさに、食いちぎられた子鯨[*1]です。

筆者は2005年から2010年まで現地を取材し、カナックの人たちの苦悩の深さを知りました。

鉱山業という産業が、他の産業と根本的に違う唯一無二のことを考えてみてください。それは、地下資源は掘ればなくなるということです。金・銀・銅やレアメタルの鉱山は大体数十年の寿命です。採掘が終了した後は、荒廃した土地が残るだけです。会社は撤退するわけですから雇用もなくなります。自然、生態系や地域の人たちの文化・伝統も破壊され、復元されないまま放置されます。復元は不可能か、あるいは膨大な費用がかかるので企業はやりません。

先祖からのお告げがもとで、カナックの人たちは島中のクラン(氏族)

*1　食いちぎられた子鯨
2017年10月、ニューカレドニア先住民、カナック族のリーダーのインタビューより(柏木展子取材)

に呼びかけ激しい反対運動を展開しました。先祖のスピリットが棲み、伝統と文化そして叡智の源である豊かな森・里・海・川を根こそぎ破壊・汚染されては未来世代につなぐことができません。

生物学者、ジャーナリストのエリック・クルァ（Eric Clua）は、この不可解な出来事を科学的に検証するため、鯨の様子を撮影し、ドキュメンタリーを制作しました[*2]。

先祖の時代から毎年9月頃になると沖に現れていた親子の鯨が２００２年になって突然現れなくなり、翌年1月に鮫に食いちぎられる子鯨を見て、先住民の人たちが災いの予兆と感じ、先祖からのメッセージと受け取ったのです。

これを未開人の迷信と考えるのが西洋合理主義です。しかし、人間には「普遍的無意識」といって個人が経験したことではない、人類発祥の時代からこれまでに記憶として残った、誰もが普遍的に生まれつき持っている無意識というものがあると、スイスの心理学者のカール・グスタフ・ユングはいいます。また、仏教における深層心理学ともいえる

*2　エリック・クルァのドキュメンタリー
https://www.youtube.com/watch?v=aeMOdDzKm9c

「アラヤ識」（阿頼耶識[*3]）と呼ばれるものがあります。現生で自分が体験したことだけでなく、過去の世代の人あるいは先祖が体験したことなどすべての記憶が、普遍的無意識として「アラヤ識」には保存されているといわれます。カナックの人たちは、この普遍的無意識との対話によって、鯨の親子が現れず、子鯨が食いちぎられたことを先祖のメッセージとして受け取ったわけです。

これは、ニューカレドニアだけの問題ではありません。中米・南米・アジア・アフリカなどでも、生態系豊かな自然を大切にして、共に生きる伝統と文化を守っている多くの先住民族が、膨大な量になった世界の資源需要を満たすためにニューカレドニアと同じパターンで犠牲になっています。過去の普遍的無意識など非近代的、非合理的としていっさい認めようとしない多国籍鉱山会社の横暴は21世紀のいまも続いています。

先住民族の死生観、自然観

カナック族には先祖代々伝わる、普遍的無意識の記憶ともいえる、テ

*3　阿頼耶識
町田宗鳳『無意識との対話』（NHK出版、2017）

ア・カナケの英雄伝説[*4]があります。それは彼らの死生観と生命の循環について五つのステージで表しています。

1 生命の誕生と世界の夜明け

2 われらを養う大地：生きる術を精霊から教わる

3 英雄テア・カナケは先祖の地に最初の家を建て、Column Pine（高木の松の一種）を植える

4 精霊の世界：冥界入り。人の命について学ぶため死の世界を訪れる。精霊の棲む聖なる樹Banyan tree（ガジュマルの木）のなかに入る

5 再生：テア・カナケは倒木の根元にある再生のシンボルの岩穴から、木の芽のように新しい命とともに生まれ出る。そして新しい時代がきたことを雄弁に語る

（4の冥界入りの神話は、シュメールの『ギルガメシュ叙事詩』にも古代ギリシャの『オデッセイ』にも、日本の『古事記』にも出てきます）

死生観という言葉がありますが、生死観といわれるのは聞きません。なぜ死が先にくるのでしょう。「ときの忘れもの 11」のなかで引用した、

*4 テア・カナケの英雄伝説
Emmanuel Kasarherou and Bealo Wedoye, *Guide to the Plants of the KANAK PATH,* Translation by Roy Benyon, Pacific Community

『ロメオとジュリエット』の第2幕第2場のローレンス修道士のセリフ「自然万物の母たる大地は、またその墓であり、自然を葬るその墓は、同時にまたその母胎でもある」を思い出していただきたいのです。生と死と再生という生命の循環を考える時、「死が最初にあるからこそ生まれ出づるよろこびがあり、死があるからこそよりよく生きることに価値がある」と理解すれば、やはり生死観より死生観のほうが納得がいきます。

現代社会では西洋医学が目覚ましい進歩を遂げたため、認知不能な状態になっても1日でも長く生かすことに価値があり、生に執着して死を忌み嫌う風潮があります。古代の人たちは生と死に同じ価値を与えていたのではないでしょうか。

『旧約聖書』の「支配せよ」にはじまる人間中心主義と17世紀にはじまる西洋合理主義文明は過去と未来を断絶させ、人々はその間《はざま》にできた時間の裂け目に落ち込み、思考力を奪われて現在を生きているのではないでしょうか。

ときの忘れもの13

地球最後のフロンティア

——深海底に知的生命体はいるか!?

世界中にある、海底に棲む民族の話

特殊な潜水艇で海水とその圧力から保護しなければ、海底に人間は棲めません。しかし、海底に人間が棲んでいた、あるいは人間でなくても知的生命体が棲んでいるという伝説や物語は、ノアの箱舟や洪水伝説と同じように世界中にあります。日本の例では、竜宮城の乙姫さまと浦島太郎の話があります。この物語については説明するまでもありませんが、アラビアン・ナイトには、「海で生まれたジュルナール姫と、その息子

ジュルナール妃の海底に棲む親族の到来

*1　アラビアン・ナイト
Burton Richard F,*The Book of the Thousand Nights and a Night Vol.*Ⅶ,*Julnar the sea-born and her son King Badr Basim of Persia*,Printed by the Burton Club for private subscriber only,1885, p.264

ペルシャのバドル・バシム王」[*1]と題する話があります。これを要約してみましょう。

「海底王国の美しい王女ジュルナールが、ある月夜の晩に島陰に座っているところを、陸の人間に捕えられ、奴隷として商人に売られてしまい、ついにペルシャの王に売られる。その王さまは、たいへん美しい娘を愛し、世継ぎのいなかった王は、彼女が男子を生むと彼女を妃とした。それまで、王に対していっさい口を利かなかった娘は、そこで涙ながらに自分が海底王国の姫であったことを話し、海底に棲む親兄弟を呼び出してペルシャの王に紹介する。王は妃となった海の娘に『海に棲む人々は、水に濡れることもなく海の底を歩けるのか』と問うと、娘は『わたしどもは指輪にきざまれた、ダビデの子ソロモン王の名の恩寵により、ちゃんと目を開いて地上とまったく同じように歩きます』と答える。ジュルナールが、魔法によって家族を呼びよせると、彼らは水面に現れ、海上を歩いてやってくる。このようにして陸の王家と海底の王家との交流がはじまる。そして、陸のペルシャの王が亡くなると、王子のバドル・バシムの話に移っていく」

手塚治虫も、『海のトリトン』という漫画で海底民族の話を描いています。これはテレビアニメにもなり、たいへん美しい映像であったことを覚えています。着想はアラビアン・ナイトではないでしょうか。

バビロニア最古の住民、シュメール人の伝説には、「われわれの先祖は海からやってきた」というものがあります。このことは、「ときの忘れもの 2 地球温暖化で水没した〝エデンの園〟」で述べました。『創世記』の楽園追放の物語と、その残響のようなアラビアン・ナイトの海底民族の話も、ペルシャ湾の奥、メソポタミア南部の豊かな土地に住んでいたウバイド人が紀元前5000年から4000年の間に、急激な地球温暖化によってユーラシア大陸の氷が溶け出し、世界的な海進が起きたために住んでいた楽園（エデン）を追われ、その記憶がウバイド人の後、北からメソポタミアに下ってきたシュメール人の祖先に引き継がれ、〝海からやってきた〟という伝説につながったのではないでしょうか。

竜宮城の乙姫伝説にしても、もとは同じ紀元前5000―4000年の間に起きた急速な温暖化によるものとも考えられます。

ついに堪忍袋の緒が切れた海底民族

現代においても、深海底に棲む知的生命体のことが小説にもなっています。２００４年にドイツで発表された長編ＳＦ小説、原題〝*Der Schwarm*〟（フランク・シェッツィング作）です。この小説は、ドイツ国内で２００万部を超えるベストセラーになり『ダ・ヴィンチ・コード』から首位を奪いました。日本では２００８年に『深海のYrr《イール》』と題して翻訳が出ました。ごく簡単に内容を紹介しておきます。

「人類が、傲慢にも地球の支配者を気どり、あまりに身勝手に海洋汚染を続けるので、深海底に棲む知的生命体〝Yrr〟が怒って世界の大陸棚に生息する無数のゴカイ（Schwarm）に命じて、大陸沿岸部のメタン・ハイドレートをかじって地盤沈下させ、発生した大津波で沿海の大都市に壊滅的な打撃を与える。それだけでなく病原菌を植えつけたカニ、猛毒のクラゲを大量に発生させる。そしてシャチや鯨によるらしい船舶の謎の海難事故も多発する。命の母なる海に何が起きたのかと世界はパニック状態。アメリカ政府は例によって傲慢にも力でYrrを殲滅《せんめつ》しようとするが、失敗する。最後は良識ある善良な科学者がYrrをなだめることに成功し、人類は平和を取り戻す」

止まらぬ海洋汚染

現実に、人間はいまも海洋を汚染し続けています。2010年、メキシコ湾で、石油掘削リグの爆発により原油流出事故が発生し、2015年11月にはブラジルの鉄鉱石鉱山で発生する廃棄物堆積場のダムが決壊して膨大な量のヘドロが河川に流出し、海まで達して広く海域を赤く染めました。こうした海洋汚染は、大規模露天掘り非鉄金属鉱山の採掘・選鉱によっても発生します。重金属や有害化学物質を含む膨大な量のテーリングと呼ばれる微細な砂状の廃棄物が、河川を通して、あるいはパイプラインで海へ放出されるためです。その量は1年間に2億2000万トンにも達します。

資源採掘による海洋汚染だけではありません。プラスティック製品の廃棄物を鳥類が餌と間違って食べ、あるいは微細な粒となって海中に浮遊し、それを食べた魚類を通して食物連鎖で人間の健康にも影響します。『ナショナル・ジオグラフィック』によると、世界でジュースなどを飲むためのストローは年間5億本も海に捨てられているそうです。プラスティック全体では海洋への廃棄量は年間1000万トンで、2050年には魚の量を上回るとも。さらに農業の生産性を上げるために大量の農薬、肥料を使用し続けると、それらは河川を通じて海に流れ込みます。

このように、ますます進歩する人々の便利で快適な生活を支えるために、そして76億人に達した世界人口を支えるためにも、膨大な量の鉱物・エネルギー資源の採掘、食糧・農産物の生産・消費によって海洋の汚染は進みます。そのうえ、地球温暖化によって海水が酸性化して世界のサンゴ礁は白化現象で死滅しています。

このように、人類による海洋汚染は留まるところを知りません。

遠い宇宙に比べて、ほとんど探査が進んでいない地球最後のフロンティア、深海底。まだ10％しか調査されていないそうです。海洋生物学者によると、海はロマンに満ちているといいます。知的生命体が棲んでいないと断言できる人はいないはずです。

海底の調査が進まない理由の一つは水圧でしょう。宇宙は地上との気圧の差は1気圧ですが、超深海底では1000気圧ですから。

近年、頻発する深刻な異常気象、巨大地震は思いあがった人間に対するネメシス（報復）ではないでしょうか。38億年前に生命が誕生し、生物の進化がはじまったのは、母なる海。人類は生存基盤でもある海を汚染し、陸上よりも豊かといわれる生態系を破壊しているのです。

人類にはユングのいう「普遍的無意識」としての母なる海の記憶があるはずです。いまこそ、命の源である海と人類共通の無意識の対話を深め、「過去と現在と未来を美しく結び合わせる」ことが求められているのではないでしょうか。

「無意識の対話」については、「ときの忘れもの 12」においても述べました。

ときの忘れもの14

蛸と仏教と卍

――想像の世界を支配する論理

蛸と仏教　慈覚大師円仁《えんにん》と目黒の蛸薬師

蛸と仏教と卍を並べると判じ物のようですが、蛸と仏教、仏教と卍、卍と蛸という順番にその関係を追いかけてみますと、面白いことがわかってきました。単に関係が深いというだけではなく、東西文明圏がつながってくるのです。

現代になるほどグローバル化によって世界がつながっており、遠い「過去」になるほど文明圏は互いに隔離されていたような錯覚を、現代人は無意識のうちに起こしているように思われます。しかし、古いことを調べるほど、意外なくらいつながっていたように思います。「ときの忘れもの5〝MUL MUL〟から昴へ」についても同様です。

「蛸と仏教など関係があるはずがない」とお思いの方は、蛸薬師を思い出していただきたい。蛸薬師は全国各地にあります。東京・下目黒にある秋葉山成就院、別名、目黒の蛸薬師と京都・新京極にある蛸薬師が特に有名です。元来、病気を治す仏である薬師如来を祀った寺で、蛸を描いた絵馬を信者たちが奉納する習わしが残っているそうですが、なぜ蛸と薬師如来か誰も教えてはくれません。ただ、目黒の蛸薬師については、ロジェ・カイヨワ『蛸—想像の世界を支配する論理をさぐる』[*1]に次のような記述があります。

「蛸は概して縁起のよいものと考えられている。慈覚大師という称号を死後おくられた高僧、円仁法師（794—864年）は、留学していた唐から海を渡って帰国する途中、暴風雨にあった。彼は、魂の病気を治す仏であり知恵の神である薬師如来をその守り神とし、この仏の姿を彫

*1
ロジェ・カイヨワ『蛸』（塚崎幹夫訳、中央公論社、1975）

った小さな立像をいつも肌身はなさず持っていた。彼はこの立像を、薬師如来のお告げに従って、海に投じて救われた。のちになって、一匹の蛸がこの仏像を日本へ持ってきて、平戸の海岸に置いて行く。慈覚はそこで、目黒に寺院を建て、薬師の大きな木の像をつくり、彼を救った仏像をそのなかにおさめた」

この大きな木の像というのが、蛸に乗っている薬師如来の木彫です。また、『目黒蛸薬師如来縁起』によると、「そののち大師、諸国巡礼のみぎり、肥前の松浦に行かれますと、海上に光明を放ち、先に海神に捧げられたお薬師様のお像が蛸に乗って浮かんで帰られました。のち、東国をめぐり、天安2年（858年）目黒の地に来られました時、諸病平癒のためとて、さきに、松浦にて拝み奉った尊容をそのままに模して、一刀三礼、礼木にきざみ、護持の小像をその胎内に秘仏として納め、蛸薬師如来とたたえまつられました」とあります。

元駐日米国大使、故ライシャワー博士は、慈覚大師円仁が遣唐使として838年中国に渡り、長安に到って847年帰国するまでの苦難の10

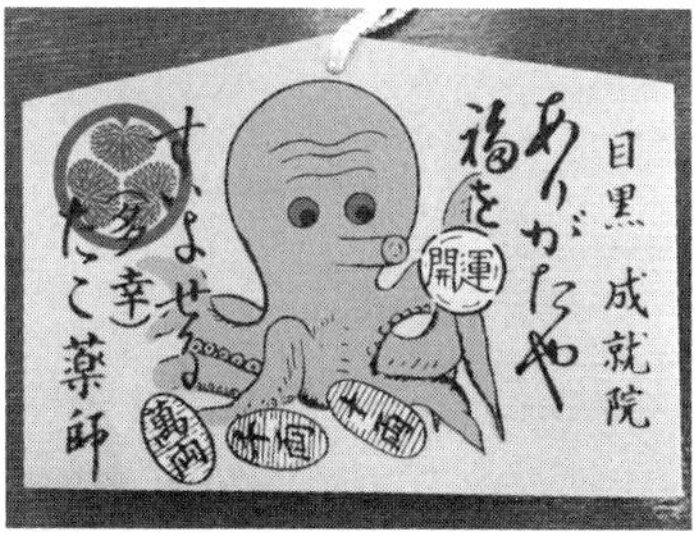

目黒の蛸薬師の絵馬

年間の日記『入唐《にっとう》求法《ぐほう》巡礼《じゅんれい》行記《こうき》』[*2]の研究者であり、英訳『Ennin's Diary』を昭和30年頃出版しているのです。博士は、この「円仁の日記」をマルコ・ポーロの『東方見聞録』をしのぐものと評価しています。しかも、円仁が中国に渡ったのは、マルコ・ポーロより４３０年以上も前のことなのです。

*2
円仁『入唐求法巡礼行記』（深谷憲一訳、中公文庫、1990）

ロジェ・カイヨワと蛸

フランスの哲学者、社会学者のロジェ・カイヨワ（１９１３―１９７８年）は、京都の古美術店で、僧が説法にたずさえる如意棒をみつけて購入し持ち帰っています。その如意棒には、根付に蛸と蓮とが互いに絡み合っているのです。この根付の彫刻家はなぜ海の動物である蛸と淡水の植物である蓮を組み合わせたのでしょうか。カイヨワは「おそらく、二つの相反する環境のあいだの釣合い、ということであったのであろう。あるいは、こちらのほうがよりありうるように思われるが、寛容と残忍とのあいだの、官能のやすらぎと肉欲の罪とのあいだの、対比

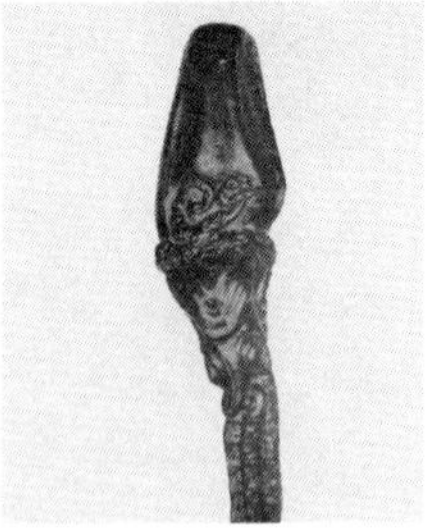

如意棒（蓮の花の蕾に纏わりついた蛸）

であったかもしれない」と説明しています。

この蛸と仏教との関係は、ロジェ・カイヨワのまったく独創的かつ貴重な指摘です。

J・C・クーパー“*An Illustrated Encyclopedia of Traditional Symbols*”のThunder/Thunderboltの項をみますと、日本の如意棒は、稲妻あるいは金剛杵《こんごうしょ》であり、仏教教理の神格化された威力すなわち超絶的な真理・開明を表すもので、それは邪悪な熱情や欲情いわゆる煩悩を打ち砕く法具で、古代インドの武具が転じたものとされています。とすると、ロジェ・カイヨワ所有の如意棒の蛸は、稲妻によって打ち破られるべき煩悩を表し、蓮は、心が煩悩の束縛から解放されて、三界《さんがい》の苦しみを脱すること、迷いを開き、真理を悟って心が自由になる悟りの境地を象徴するといえましょう。すなわち、如意棒＝稲妻＝仏教教理、蛸＝煩悩、蓮＝解脱《げだつ》。したがって、仏教＝蛸となるのです。

仏教と卍　お寺のマークはなぜ卍なのか

どうして卍がお寺のマークとして使われ、仏教とどのような関係があるのか、あるいはどのような意味があるのでしょうか。広辞林によると、〝まんじ〟は、「如来の胸部にある文様。如来の徳をあらわすもので、吉祥海雲という意に解されている。すなわち、吉祥功徳が海のごとくに広大に、雲のごとくに多量に発散するという意」だそうです。

〝まんじ〟は、仏教で如来の胸にだけある文様かというと、そうではなく、釈迦の足の裏をかたどって石に刻み、崇拝の対象とした、いわゆる仏足石にも卍が描かれているのです。これは、永遠の幸福のシンボルとされています。この仏足石は、インド、中国、日本の各地にありますが、日本では、奈良の薬師寺のものが最古だそうです。仏足石には〝まんじ〟ばかりでなく、魚それも頭を共通にした三尾の魚を描いたものもあり、これは豊穣のシンボルとされています。

また、インドにおけるスツーパ、元来釈迦の舎利を納めた墳墓が中国に渡って、卒塔婆となり、さらに日本にきて単に塔となったようですが、インドのスツーパの基礎、中心部の石組みが〝逆まんじ〟になっています。このスツーパの〝まんじ〟が〝逆まんじ〟になっていることは興味深いことで、日本でお寺のマークとして使われる場合、間違いなく卍で、逆は使われません。いつの頃から、仏教における〝まんじ〟は左巻きの卍になったのでしょうか。古くなるほど正逆の混乱があり、あるいは無意識に両方が使われているようです。

このように、〝まんじ〟が仏教のシンボルとして使われるようになったのは、どういうわけでしょうか。釈迦はせいぜい紀元前5世紀中頃から4世紀初頭にかけて在世した人ですから、やはり歴史をずっとさかのぼる必要がありましょう。インダス川流域へのアーリア人の侵入、いや、それ以前のモヘンジョ・ダロあるいはハラッパーで有名な古代インダス文明、あるいはメソポタミア文明にまでさかのぼらなければなりません。

〝まんじ〟は古代インダス文明の遺跡から発掘された印章（スタンプ・シール）などにも使われています。そして、その後、侵入してきたアーリア人も〝まんじ〟を勝利・豊穣・幸運・平和などのシンボルとして使っているのです。ただし、その場合は、きまって〝逆まんじ〟なのです。そして、左巻きの〝卍〟にすると、敗北、不安定、不幸、死を表すシンボルとされました。

ちなみに、ヒットラーは、〝逆まんじ〟すなわち「ハーケンクロイツにアーリア民族の勝利のために戦う使命をみる」といって、ナチ党の旗印として使いました。したがって、筆者は、〝まんじ〟はどうやら古代ギリシャ人を含むアーリア人（インド・ヨーロッパ語族）の死生観に関係するシンボルであったのではないかと思うのです。

卍（まんじ、swastika）に関しては実に奥深いものがあり、これについて筆者はまったくの素人の分際ではなはだ僭越《せんえつ》ながら、専門の学者の失笑を買うことを覚悟で、約10年間の文化人類学的あるいは文化地理学的な調査結果を１９９１年に『ハーケンクロイツと蛸』というタイトルで自費出版しました。この「ときの忘れもの 14」は、その一部を抜粋したものです。

蛸をリアルに描いた壺（B.C.1500―1450、クレタ島）

古代エーゲ海文明圏における蛸と卍

蛸と卍のルーツは地中海のクレタ島にあります。地中海の東部、エーゲ海南端にある、横に細長い島がクレタです。この島は、古代ギリシャ文明より古いミノア文明が栄えたところです。現在はギリシャ領ですが、ミノア文明は、紀元前２８００年頃、小アジア（現在のトルコ）から移動してきた植民者たちによって、当時、新石器時代の終わりにあった先住民とともに初期青銅器文明として形成されていきました。

そして紀元前２０００年頃より１６００年頃までの中期青銅器時代を経て、後期青銅器時代中頃の紀元前１４５０年頃になって古代ギリシャ人によって破壊され、ギリシャ世界の一部になるまで、世界最古の海洋王国としてエーゲ海域で繁栄しました。

クレタ島やギリシャなど、古代エーゲ海文明圏においては、蛸は食用に供されたばかりではなく、壺や皿などに絵柄として、また、装飾の図柄として多用されています。それも、紀元前１５００年頃には蛸が写実的に描かれていましたが、時代とともに次第にデフォルメされ、抽象化・

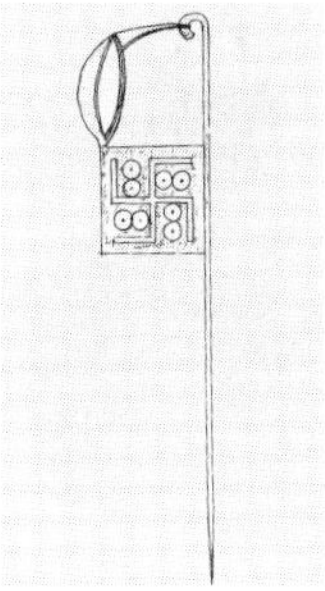

青銅製安全ピン15㎝：筆者スケッチ
（B.C.8世紀、ギリシャ、ボイオチア地方）

図案化されていることがわかります。筆者は、蛸が描かれた多くの、考古学上の発掘品の写真を見ていくうちに、蛸は最後に〝まんじ〟（卍＝英・独・仏語ではswastikaという＝サンスクリット起源）に図案化されたという仮説を立て、何年もかけて調べてみました。そして、ついにJ・C・クーパーの〝*An Illustrated Encyclopedia of Traditional Symbols*〟のOCTOPUSの項に「蛸はしばしばswastikaに伴う」と書いてあるのをみつけました。

蛸と〝まんじ〟（＝swastika）の結びつきは、地中海という、蛸が棲息し食用にも供された、古代エーゲ海文明圏に独特のものであり、メソポタミア文明圏などでは、それよりさらに古い、紀元前４０００年紀の時代から〝まんじ〟は使われています。

〝まんじ〟は、自然界の生命の循環思想と密接に結びついていたと考えられます。すなわち、〝まんじ〟は永遠の生命の循環を表すシンボルであったということです。このことは、クレタ島がその発祥の地である迷宮（ラビリンス）というかたちで、古代エーゲ海文明圏にも影響を与

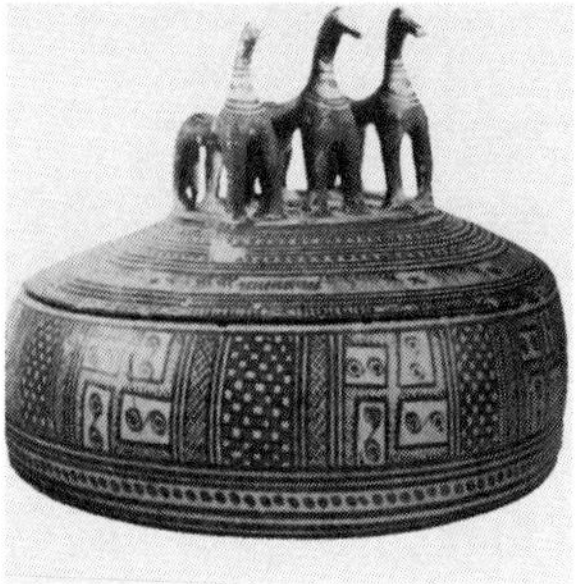

埋葬用アンフォラ:(B.C.620年、ギリシャ、アッチカ)卍のなかに蛸の吸盤らしきものが描かれている

えていることは間違いありません。

19世紀ヨーロッパ人に悪魔に仕立てられた蛸

ヨーロッパ、特に地中海沿岸を除く地域に住む人々には、蛸といえば、恐怖や嫌悪を感じさせる悪魔のような、いや、悪魔そのもので、人間を地獄の責め苦のなかに引きずり込んでいく邪悪な生物であると考えられていました。蛸を執念深く凶暴な生物としたばかりでなく、「道徳的な意味での怪物にまで仕立て上げた」19世紀初頭の高名な博物学者もいたそうです。

先に述べたロジェ・カイヨワが、蛸をめぐるイメージの変遷を「古今東西の神話・伝説・風俗・芸術・工芸品・文学等々に現われた蛸」によって論究した著作『蛸』によると、ヨーロッパで蛸が怪物・魔物に仕立てあげられたのは、ヴィクトル・ユゴー、ロートレアモン、ジュール・ベルヌ、ミシュレといった19世紀フランス・ロマン主義文学者によるところが大きいということです。

ジュール・ベルヌ『海底二万哩』、
ド・ヌヴィル挿絵

なかでも、ジュール・ベルヌが１８６９年に出版した青少年向け冒険小説『海底二万哩』は特に有名で、世界中で莫大な読者を得ました。ネモ船長率いる潜水艦ノーチラス号がカリブ海を航行中、「化け物の伝説のなかにこそ出てくるのがふさわしい身の毛もよだつような怪物」超巨大蛸に出くわします。潜水艦の大きな丸い舷窓に姿を現した蛸を描いた挿絵を覚えている読者も多いでしょう。

また、ヴィクトル・ユゴーが『海で働く人々』のなかで、口を極めて蛸を怪物・悪魔に仕立てあげようとしているのは大変面白いと同時に、意外でもあります。

例えば、「恐怖を与えることが目的であるなら、蛸以上に優れた作品はない」「まるで灰でつくった動物だ、それが水に棲んでいる……」「それはこじらせて奇形にした病気である」「意志を持ったねばつき、これほど恐ろしいものがあろうか！　憎しみでねり上げたとりもち」「この飽くことを知らぬ醜悪な星」、挙句のはてに「創造の創造自身に対する真の冒瀆《ぼうとく》」とまでいっているのです。

火星人のイメージは蛸

さらに、H・G・ウエルズの空想科学小説の一つに『宇宙戦争』[*3]があります。これは、火星人の地球襲来の話ですが、その火星人がまさに蛸に似た怪物として描かれており、それが原型になって、以後、火星人というと醜悪な、頭でっかちで触腕によって立ち、その口はV字型のオウムのくちばしのような形をした生物として描かれるようになりました。

そして、E・T（Extra Terrestrial）という言葉を最初に小説に使ったのはH・G・ウエルズなのです。スピルバーグの映画『E・T』が最初と思っている人も多いと思いますが、あの『E・T』も触腕こそないものの、なんとなくイメージが蛸に似ているのではないでしょうか。ただし、スピルバーグの『E・T』は醜悪であっても邪悪ではありません。

かくして蛸は地中海沿岸部ではいまでも食材として好まれていますが、ヨーロッパ内陸に入るといまも忌み嫌われる存在のようです。特に19世紀中頃以降、邪悪で、「大量虐殺と恐怖の世界をつくり出す一種の民間神話の生物」となったのです。

*3 『宇宙戦争』
イギリスの作家H・G・ウエルズが1898年に発表したSF小説。ハヤカワＳＦ文庫などで発行されているほか、ラジオ・テレビドラマ化、また、映画化もされている。

ヒットラーは悪の権化、蛸か

ヒットラーは、まさにこの神話を、身をもって体現したといえないでしょうか。ヨーロッパにおいて、その触腕を持ってつぎつぎに近隣諸国を侵略してゆき、ユダヤ人をゲシュタポという吸盤で吸い寄せ、言語に絶する残忍さで抹殺していったヒットラーは、19世紀ロマン主義文学の悪魔のような不吉な生物、蛸によく似ているではないですか。

この醜悪な怪物としての蛸と〝まんじ〟は関係があり、その〝まんじ〟、正確には〝逆まんじ〟をナチ党のシンボルとして、独裁者ヒットラーが選んだのはなんと皮肉なことでしょうか。英和辞典によると、octopusには、〝広範囲に分岐した強力かつ有害な組織〟という意味があります。まさに、ヒットラーのナチは蛸であったといえましょう。

以上で、卍を介して東西の文明圏がつながりました。卍は、蛸や蛇とも結びつき変容しながらも、新石器時代から自然界における生命の循環の象徴として、人類の普遍的な無意識の記憶によって使われてきたのではないか、と筆者は考えます。蛸や蛇は、一神教の世界では忌むべきアニミズム信仰の権化として悪魔に仕立てあげられましたが、筆者には人類の死生観にかかわる根源的な象徴のように思えてなりません。

ロジェ・カイヨワのいうように、何か「想像の世界を支配する論理」があるように思えます。

ときの忘れもの15

事実と真実は違う
真実が見えなくなった現代

リンカーンの小咄で一転無罪の評決

第16代アメリカ合衆国大統領エイブラハム・リンカーンは、写真を見ると難しい顔をして陰気な感じがしますが、彼はとてもユーモアがあり天才的にジョークがうまく、いろいろな逸話も残っています。それらを集めた本が2007年に出版されています。"*Lincoln Laughing*"[*1]です。

まずは、その本の冒頭の逸話を紹介しましょう。

リンカーンがイリノイ州の弁護士をしていた時のことです。ある時、

*1 *Lincoln Laughing*
Paul M.Zall, *Abe Lincoln Laughing*, University of California Press, 2007

ある民事訴訟事件の被告側弁護人を引き受けました。その事件は、被告側が99％負けるであろうと思われていたのに、陪審員の評決は無罪でした。不思議に思った原告側はリンカーンに向かって冗談交じりに皮肉っぽく、「エイブよ、あんたはまた陪審員に対して何か〝わるさ（工作）〟をしたんじゃないのか？」というと、リンカーンは「うん、何も悪いことはしていないが、評決前の昼食時に彼らにこんな小咄はしたよ」と答え、次のような話をしました。

「ある農家に20歳の長男と3歳の次男がいました。ある日の午後のこと、次男が外へ遊びに行って帰ってきて、なにげなく干し草を蓄える納屋の中をみると、兄がジーパンとパンツを降ろしていました。その傍には、近所のお姉さんがやはりジーパンとパンティを脱いで、二人とも下半身裸でした。それを見てびっくりした次男は母屋にとんで帰って父親に報告しました。『たいへんだ！　お父ちゃん。お兄ちゃんと近所のお姉ちゃんが、おしっこでうちの干し草を台無しにしようとしているよ』と訴えたのです。それを聞いた父親はいいました。『息子よ、お前が目撃した事実の認識は正しいが、それから引き出された結論が間違っとる』」

真実がわからないまま事実だけで物事を判断すると、間違いを起こす可能性があるということでしょうか。

では、なぜこの小咄が陪審員の評決に影響を与えたのでしょうか。まず、リンカーンが担当した事件の内容から説明しましょう。

原告は、ミシシッピー川を渡る鉄道会社。被告は鉄道ができるずっと以前からミシシッピー川をバージ（はしけ船）で上り下りする輸送会社です。ある日、輸送会社のバージが鉄橋の橋脚に衝突して、橋脚を大きく破損させました。鉄道会社による損害賠償訴訟です。誰しも加害者であるバージ会社が損害賠償するのがあたり前と思いますが、小咄が陪審員の意思決定を変えさせたのはなぜでしょう。

それは、バージ会社のほうがずっと先に事業を行っており、鉄道会社は後に鉄橋を建設したわけですから、バージ会社には迷惑な話で、橋脚にぶつかることは十分あり得ることです。その時、事故を想定した契約がされていないなら、話し合って解決しろということらしいのです。

すると、この訴訟事件と小咄の関係が疑問となります。それは、本には書かれていないので筆者の解釈ですが、歴史的にバージ会社が先に事業をはじめ、後から鉄道が建設され、しかも契約書がないとすれば、バージも損傷しているはずなので痛み分けだということなのでしょう。したがって、バージ会社が鉄道会社の鉄橋の橋脚を破損させたという、発生した「事故の事実」の認識は正しいが、「真実は歴史的な事実」ということを考えると、結論は違ってくるのではないですか、とリンカーンは陪審員に暗示したのでしょう。

真実を見極めないと、単なる事実だけでは、それから引き出された結論が異なる場合があるのです。

フェイク・ニュースが飛び交い、オルタナティブ・ファクトが語られ、テンポが速く情報が渦巻く現代社会では、「過去」の真実を知らずに現在起きている事実あるいは事象だけで物事を判断することが多くなっているように思います。真実は見えないままに……。

ホワイト・ベリー・イーグル

すわ殺人か！

「事実」と「真実」が違うため結論が異なる例で、筆者が経験したことを紹介します。２００７年に、取材のためにオーストラリア北部準州ダーウィンの２００キロメートルほど東にあるカカドゥ（Kakadu）国立公園近くのアボリジニの居住地域へ行った時のことです。そこには、アボリジニが聖なる山として崇《あが》める山があります。麓には広大な森が広がっています。部族のなかにはいまでも死者を森のなかで風葬している人たちがいます。風葬すると、ホワイト・ベリー・イーグル（White belly eagle）という名の大きな鷲が死者の魂をついばんで、祖先の魂が住む、聖なる山に届けてくれるといい伝えられています。

ある時オーストラリア人の若い女性が旅行で聖なる山の麓の森の中を歩いていたところ、アボリジニの死体に出くわしました。彼女は殺人と思って警察に連絡しました。しかし、その死体はアボリジニの風葬だということがわかりました。

このことを筆者に苦笑しながら話してくれたのは、聖なる山を案内してくれた年配のオーストラリア人でした。

死体が森のなかにあるという事実の認識から、その死体が殺人によるものであるという間違った判断をした発見者が、アボリジニの伝統的な風葬という埋葬の仕方に関して無知であったということを聞き、先述のリンカーンの小咄を思い出しました。

風葬[*2]という先住民族の文化と伝統を、未開な人たちの野蛮な風習で死体遺棄と考えるのか、死後に魂は特定の鳥によって先祖の住む聖なる山に運ばれ、いま生きている人たちと未来世代を見守り、過去と現在と未来をつなぐという何万年も前から続く人類の普遍的な死生観によるものと考えるのかによって、死者の扱いに関する結論は大きく変わります。

いま現在でも、風葬を続けている人たちがインドネシアのバリ島にも住んでいます。

バリ島はアグン山という火山の火口湖、バツール湖の北東側湖岸にバリの人々とは同化せず、隔絶して暮らす先住民族です。彼らは、村の西の端にある大きな聖なる樹（Banyan Tree）[*3]の下に、簡単に竹を筋違い

*2　風葬
遺体を埋葬しないで、外気に晒し、風化して骨になるまで待つ葬制で、日本を含み、世界各所で行われていた。現在も行っている人たちがいる。

*3　Banyan Tree
アジアの熱帯地方で聖なる樹とされている。日本では沖縄や屋久島に生えており、ガジュマルの木と呼ばれているクワ科の常緑樹、高木。

竹を筋違いに斜めに組んだ死体置き場で、風葬

に斜めに組んで死体置き場として死者を風葬にします。骨だけになると、頭蓋骨だけを聖なる樹の近くに並べます。この樹は〝香りの木〟と呼ばれているのですが、それは、そばに死体を置いて腐敗しても匂いがしないためだそうです。筆者は2007年に現地を訪れました。ちなみに、古代日本でも、天皇家など高位の人の本葬をする前に、バリ島の先住民と同じように竹で組んだ「もがり」と呼ばれる仮置場に遺体を安置して儀式を行いました。

人類が死者を葬ることをはじめたのは、人類学者によると最大10万年前までさかのぼるそうです。

ときの忘れもの16

初代アメリカ総領事、ハリスの日記

〝唐人お吉〟の悲劇

嘉永7年（1854）3月、日米和親条約が締結されて伊豆下田が開港され、わが国最初の米国総領事館が安政3年（1856）8月5日に、下田の柿崎村にある玉泉寺内に開設されました。寺の前庭には星条旗が掲げられ、以後約3年間、幕末開国の歴史の中心舞台となりました。その玉泉寺は435年の歴史を持つ古刹です。初代総領事はタウンゼント・ハリス。

伊豆下田にある玉泉寺

ハリスが秘書官として連れてきたヒュースケンも有名ですが、それは次の「ときの忘れもの 17 『墓畔の梅』はいまいずこ」でお話しします。

２０１５年12月7日、ふと思い立って玉泉寺を訪れました。

ハリスは〝唐人お吉物語〟でも有名です。彼は総領事として精力的に日米外交を行っている時に体調を崩してしまいました。そこで秘書官のヒュースケンが下田奉行所の役人に看護婦を斡旋してくれと懸命に願い出ました。その時、選ばれたのがなんと17歳で下田一の人気芸者だった「斎藤きち」でした。役人は妾をあてがってほしいと依頼されたと思って、嫌がるお吉をむりやり説得したようです。もっとも、ハリスだけでなく、ヒュースケンにも〝お福〟という女性があてがわれていることを考えると、かならずしも役人の誤解でもないのではないかと勘繰りたくなります。

お福はヒュースケンに妾としてたいへん可愛がられたといわれています。しかし、お吉は3か月で解雇されています。ハリスがとても潔癖症で、お吉は〝おでき〟（皮膚病？）ができていたために、彼女に触れることなく解雇したという説もあります。お吉はその後、芸者に復帰しますが、人々は異人（唐人あるいは毛唐）と接したことは恥であるとして侮蔑的な冷たい視線を向けました。その偏見に耐えられず、酒色に耽り、芸者をやめて幼馴染の大工、鶴松と横浜へ行って同棲します。3年後にまた下田に舞い戻り、髪結業をはじめます。しかし、相も変わらぬ偏見に悩まされ経営は思わしくなく、三島へ行って芸者になり、ふたたび下田に戻りましたが、ますます酒におぼれます。

彼女を哀れんだ船主がパトロンになって小料理屋「安直楼」を開業しますが、アルコール中毒によって廃業せざるを得なくなります。その後、物乞いをして生きていましたが、最後は身投げして自殺します。1890年、満48歳、哀れな生涯でした。

人々の偏見は恐ろしいものです。日本古来の村社会の陰湿さでしょう。コミュニティのなかで異質な行動をとる人間に対するいじめです。現代社会ではどうでしょう。やはり、子供だけでなく大人の社会でもいじめは絶えません。

お吉が自殺して55年後の１９４５年、太平洋戦争が終結しました。戦後復興期から高度経済成長に向かった日本では、〝異人〟に対するイメージは１８０度変わりました。白人の男性というとみな金持ちで、ハンサムで、背が高くスマートで、そのうえ紳士で、日本人男性と比べて優しいというイメージが無意識のうちにできあがりました。物質的にたいへん豊かなアメリカ人への憧れでしょう。

その憧れは、西部劇、美男美女によるラブ・ストーリーなどハッピーエンドのハリウッド映画、そして陽気なジャズ音楽の影響からきているのではないでしょうか。アメリカ人でなくても、白人あるいはそれに準ずる姿かたちをしている、いわゆる外国人はみなアメリカ人と思ったのです。

さすがに、これだけグローバリゼーションが進んだ現代ではその誤解はほぼなくなってきたようですが、日本女性の白人男性に対する無意識的なイメージはいまでも根強いように思えます。

ハリスの日記

少々脱線しましたが、ハリスについての話に戻します。

玉泉寺に向かって右側の建物がハリス記念館になっています。そこには、ハリスが当時愛用した遺品や関連資料そして古文書などが多数展示してあります。

そこに、ガラスケースのなかに収められたハリスの日記が展示してありました。

この日記は、進駐軍のマッカーサー総司令官から寄贈された初版本ということです。当日、開いてあった日記の頁は1856年8月22日(金)(安政3年7月22日)のものでした。1856年9月3日(安政3年8月5日)に総領事館が開設される12日前です。そこには次のようなことが書かれていました。

「柿崎は小さくて貧寒な漁村であるが、住民の身なりはこざっぱりしている。人の態度も丁寧である。世界のあらゆる国で貧乏にいつもつきものになっている不潔さというものがすこしも見られない……」

ハリスは日本に着任する前には清国の寧波《ニンポー》の領事をしていました。そして、インドや東南アジアの国々を旅した経験から、日本ではどんな寒村でも人々の身なりが清潔であることと礼儀正しいことに驚いたようです。

また、ハリスの人となりを示すこととして、総領事館開設の翌日、1856年9月4日（安政3年8月6日）の日記には、「……厳粛な反省――変化の前兆――疑いもなく新しい時代が始まる。敢て問う。真の日本の幸福になるだろうか？」という記述があるのです。

このことは、日本人のハリスに対するイメージからすると、すこし違和感があります。なぜならアメリカ本国の命令で、鎖国を解き開港を迫る強硬な人物像、困惑する幕府の大老・井伊直弼《いいなおすけ》と老中・堀田正睦《ほったまさよし》を相手に1858年7月29日（安政5年6月19日）、日米修好通商条約を締結した、そのタフ・ネゴシエーターぶり、そしてその後、明治維新政府が、不平等条約としてその改正に大変な苦労をしたことが思い出されるからです。それなのに、自分が与えられた使命が果たして〝真の日本の

下田市蓮台寺にある村山行馬郎邸(吉田松陰寓寄処)

幸福になるだろうか〟と日記には書かれているのです。

日本側の交渉責任者であり、日本の開国近代化を断行し、強権を振るって反対勢力を粛清した井伊直弼は、水戸の浪士たちに1860年3月24日(安政7年3月3日)、江戸城桜田門外で殺害されました。

その後、公使に昇進したハリスは江戸麻布の善福寺に公使館を開いたのですが、下田駐在時にはやはり水戸藩士による襲撃の標的にされそうになったことがあります。

憎まれていたはずのハリスが、条約締結後の日本人が真に幸せになるのかと疑問に思っていたということから、彼の人柄がしのばれます。それは、彼がニューヨーク市の教育局長を務め、ニューヨーク市立大学の前身であるフリー・アカデミーの創設者であることからもうなずけます。

ハリスは1856年、日本に総領事として着任するより10年前のニューヨーク市教育局長時代に想いを馳せて、日本の人たちが開港をして国際貿易によって本当に幸せになるのかと、ふと思ったのではないでしょうか。それは、産業革命がアメリカにも押し寄せ、急速に近代化が進んだが、人々が真に幸せになったかという疑問を持ったことがあったからだと筆者は推測します。

バック・トゥ・ザ・フューチャーです。

日米和親条約締結前の1854年4月24日（嘉永7年3月27日）のこと、吉田松陰が同志金子重輔とともに下田港に入港中のペリーの率いるアメリカ合衆国艦隊の船に乗り込み、渡航を企てて失敗します。その計画を実行するタイミングをうかがっている間、匿われた寓居（医師、村山行馬郎《ぎょうまろう》邸）がいまも下田市蓮台寺にあります。そこを訪ねると、たった100円で当時の松陰の様子を詳細に名調子で語ってくれる女性がいます。後になって、その女性にせめて1000円は支払うべきだったと後悔しました。

ときの忘れもの17

『墓畔の梅』はいまいずこ

――ヒュースケンと永井荷風とシュリーマン

ヒュースケンとの出会い

いまから32年前、昭和61年（1986）の春、彼岸の頃、ふと思い立って南麻布にある光林寺という古い寺を訪ねました。この寺には、オランダ生まれの米国人、ヒュースケンの墓があります。彼は開港前、伊豆下田に上陸した米国使節、のちに総領事のタウンゼント・ハリスが幕府と談判するのに必要なオランダ語ができる書記官兼通訳官として伴ってきた人物です。このヒュースケンは、1861年1月14日（万延元年12

月4日）芝赤羽橋にあるプロシア使節宿舎の晩餐会の後、麻布善福寺の境内の米国公使館へ乗馬で帰宅するところを数人の薩摩の浪士に襲われ重傷を負い、公使館に着くと間もなく息をひきとりました。28歳でした。オランダに年老いた母親を残してアメリカに渡り、苦労してつかんだ外交官の職だったのですが……。

葬式は、どういうわけか善福寺では行われずに、同じ麻布でも広尾に近い光林寺でいとなまれ、その亡骸は本堂の裏手に埋葬されました。

筆者が光林寺を訪れたいと思ったのは、永井荷風の随筆『墓畔の梅』[*1]を読んだからです。荷風は日中戦争が始まる4か月前、昭和12年（1937）の春、光林寺を訪れています。そして、どういうわけか戦後間もない昭和21年正月になって『墓畔の梅』と題してヒュースケンのことを〝不図思い出して〟随筆にして時事新報に発表しているのです。

荷風がヒュースケンの墓をみておきたいという気持ちになったのは、

*1 『墓畔の梅』
永井荷風『裸体』小説・随筆（中央公論社、1954、p. 223）随筆：墓畔の梅

事件当時の英国公使、オールコックによる『大君《たいくん》の都』[*2]（1863）と題された本のなかで、ヒュースケンの殺害と葬儀の状況が詳細に述べられており、それを読んだ荷風に、「わたくしは読下の際、光林寺葬送当日の光景は、もしもわたくしにして、之を能くすべき才能があったなら、好個の戯曲、好個の一幕物をなさしむるに足るべきやうな心持がした」といわせるほど、その記述が単なる無味乾燥な記録ではなく、極めて文学的な表現に富んでいたことによるものでしょう。

オールコックは後に江戸浮世絵の収集家として、ヨーロッパの好事家中ではよく知られた人でもあります。

筆者は、この光林寺を訪れた後、早速行きつけの神田の古本屋で運良く『大君の都』を手に入れ、まずはヒュースケン暗殺関係の記述をはやる気持ちを抑えながら読みました。名文家の荷風にあそこまでいわしめた、まさに葬送当時の光景がありありと浮かぶ文章なのです。

荷風がヒュースケンの墓を訪れた時の様子を『墓畔の梅』から抜粋してみましょう。

*2 『大君の都』
Sir.Rutherford Alcock,*The Capital of the Tycoon Vol.* Ⅱ,Harper& Brothers Publishers,1863,Chapter XXIV,p.35

永井荷風の随筆『墓畔の梅』

「墓は本堂のうしろ。山椿の花が見頃に咲いている崖を五六歩上りかけた処に在った。崖土のくずれが、生茂った木の根で、危く支えられているので、傾斜した土の上に立てられた墓石は高さ三四尺ばかりに過ぎぬが、前の方にのめりはしないかと危ぶまれた。石の頂に屋根形の飾りが載せてあって、英字で姓名及び官名。それに忌辰が刻してある。石の傍にあまり大きくない一株の梅があって、其枝には点々として花がさいていた。墓の周囲には結ばれた垣もないので、梅の木は隣りの墓に葬られた人の為めに植えられたものかも知れないが、わたくしの目には限りなく懐しい心持がした。立春が過ぎて後、あまり日数のたっていない早春の日は、冬日に変らぬ薄い軟かな光を斜に石の面に注ぎ、あるか無しかの微風に吹かれもつれる線香の烟の消え行く末までを、あきらかに照し出している。

わたくしは大きくゆるやかに動く波のような悲しみ——陶酔に似たような寧ろ快い哀愁に包まれながら、線香の烟を後に残して墓畔を去った。

日本の軍隊が北京で砲火を放ったのはこの年の夏である。わたくしはその後一たびも広尾を過ぎる機会がなかった」

140年前のいま

筆者は〝墓畔に薫る一樹の梅〟もみたさに光林寺を訪れました。

門前に進み入ったのですが、扉のかげに花屋はなく、扉のそばに、まったく場違いな古びた机が無造作に置いてあり、その上には線香とマッチならぬ点火器具そして手提げ金庫に穴をあけた料金入れが。机の下には馬酔木《あせび》の花が20束ばかり桶のなかに入れてあるだけで、荷風が訪れた時のように花屋の婆がいるでもなく、案内人などの気配はありません。金を払ったら、香花と扉の内側に並んでいる手桶を勝手に持っていけということらしいのです。

さっそく香花を買い、線香に点火器で火をつけ手桶に水を汲んで、さてとばかり、境内をキョロキョロ見廻しながらヒュースケンの墓を探しました。やがて本堂の右手奥に、石の頂に屋根形の飾りが載せてある墓石をみつけ、小走りに近寄りさっそく墓碑銘を読みながらまさにヒュースケンの墓であることを確かめ、なんともいえない満足感が湧いてくるのを感じました。彼のフルネームが、ヘンリー・C・J・ヒュースケンであることを知ったのはその時です。

ところが、目指す墓をみつけた一時の興奮と満足感がさめると、逆になんともいえないもの悲しく侘しい心持がしました。そこには、かつて荷風がみた〝墓畔に薫る一樹の梅〟は跡形もなく、墓石の背後に、日本の墓地には最もふさわしくない外来樹、背丈二メートルほどの夾竹桃《きょうちくとう》があるのみ。当時あまり大きくなかった梅が残っていれば、いまや70年近く過ぎてその幹は太く成木になっているはずだと胸に描いてきてみた挙句のことであるためばかりでなく、何年も、いや何十年も在日の米国人が〝花束と祈り〟を捧げにきた形跡がまったく認められなかったためです。

荷風が『墓畔の梅』のなかで、昭和20年の空襲で光林寺が被災したのではないかと案じていますが、筆者が2度目に訪れた時、境内入口横にできた、寺が経営する竹雨亭なる喫茶店の女主人に聞いたところ、方丈も堂後の墓も無事であったそうです。とすると、かの梅は切り倒されたのでしょう。オールコックが『大君の都』のなかで描いているヒュースケンの埋葬当時、光林寺の境内の豊かな樹木のことを「本堂から背後の墓地に通ずるとてもきれいに清掃された小道に心地よい影を投げかけている美しい樹々、それらは、すべて色合い豊かな木の葉で被われた常緑樹からなっている」と説明しているのです。樹木については、現在もマテバ椎、楠、樫など常緑樹のほかに戦後植えたと思しき桜で、埋葬当時を偲ばせるものは残ってはいます。

荷風の『墓畔の梅』には、門前の樹木について次のように書かれています。

「光林寺の門前には赤羽橋の方へ行く電車の停留場がある。門前の道路（明治通り）には松の老樹が両側から其枝を交えていたことを覚えているが、幾年の後重ねて来て見ると、松は大方伐り去られながら、それでもどうやら往時を思い起させるだけの一二本を残していた」

いまはその一、二本もありません。
侘しきは、墓石が欠けていること、お参りする人のいないこと、梅がみすぼらしい夾竹桃に変わっていること、香花を買うのがセルフサービスになったことだけでなく、喫茶店経営、境内の一角でのマンション経営、駐車場にはベンツ、喫茶店のコーヒーカップはロイヤルコペンハーゲン等々、これも時代の流れかと、なんともやりきれない気持ちを禁じ得ませんでした。

じつはこの一文は、32年前（１９８６）に寺を訪れた直後に、特に目的もなく書いたまま放っておいたものですが、18年経った２００４年、NHK大河ドラマ『新撰組！』に2月になってヒュースケンが登場するのを見て、思い出してまた光林寺を訪れた次第です。ところが、この時は墓の位置が変わっており、墓石も修復され、夾竹桃に代わって墓石の両側に背丈4メートルほどの檜葉《ひば》があるではないですか。そして、墓前には、半年か1年前と思しき線香の燃え残り、寺の人に聞くとドラマのヒュースケン役の役者とＴＶ局のスタッフがお参りにきたとのことでした。

シュリーマンまで墓を訪れていた

最近、このヒュースケンの墓について、もう一つ、ある本に面白い記述があることがわかったので紹介しておきましょう。

トロイの遺跡などの発掘者で有名な好古家、のちに考古学者となったハインリッヒ・シュリーマンが、１８６５年43歳の時、世界漫遊の途上、中国経由で江戸に来ており、『シナと日本（Chine et Japon）』（原題）という本を書いているのです。パリで正式に考古学を学びはじめる1年前、博士号取得の3年前、トロイの遺跡発掘の6年前、ミケーネの遺跡発掘の11年前でした。

それでは、シュリーマンが、ヒュースケンの墓を訪れた時の記述を紹介しておきます。訳書の題名は『シュリーマン旅行記　清国・日本』*3です。

*3
ハインリッヒ・シュリーマン『シュリーマン旅行記　清国・日本』（原題 *La Chine et le Japon-au temps présent*（石井和子訳、講談社、1998、p.155）

「昼食のあと、赤羽の寺（光林寺）の公園を訪ねた。この寺には墓地もあり、１８６1年1月15日に暗殺されたアメリカ公使館付通訳ヘンリー・ヒュースケンの墓があることで知られている。ヒュースケンは江戸に埋葬された、ただ一人のキリスト教徒であるばかりでなく、日本語を正確に読み書きすることができるようになった唯一の外国人である。そしてそれがその死の原因となった。日本人は、彼があまりにも日本の生活になじんだので、自分たちの統治機構の秘密を洩らすのではないかと恐れたのである。ヘンリー・ヒュースケンが埋葬されて以来、この墓地は穢されたとみなされ、今ではすっかり打ち捨てられている」。訳者によると、「幕末、浪士等の殺戮による在日外国人の屍体の引取りを躊躇した寺は多いなか、光林寺住職は道心の発露から、ヒュースケンや義僕伝吉の屍体を引取り手厚く葬ったという。訳者が突然この墓を訪れた時も、周囲はきれいに掃除され、花が供えられていた」といいます。

この訳書のヒュースケンに関する記述のある頁には、訳者が訪れた時に撮った墓の写真が載せてあります。墓石の傍らには夾竹桃が写っています。訳書の出版が１９９1年3月11日ですから、筆者が墓に参った５年後に訳者が訪れたことになります。

埋葬から１５０年ほど経った幕末の一外国人の墓の様子とともに、明治、大正、昭和、平成と時代が大きく変転するのをみるにつけ、その時の流れに哀歓を含んだ感慨を覚えます。

１８６５年ハインリッヒ・シュリーマンの、世界漫遊途上に日本を訪れた後、若き日のロマンを追い続けて、歴史上、考古学上の驚くべき業績を残した生涯、昭和12年に墓を訪れた永井荷風の近代日本文学の巨匠としての名声と戦後の人生、そして筆者が最初に訪れた、昭和61年以後32年間のわが人生の変化を考えると、ヒュースケンという一アメリカ人の墓を、時代の違う、特にヒュースケンとは何の関係もない三人が、それぞれの思いで別々の時に訪れていたことに不思議な感興が湧いてくるのです。それは、筆者にとって、荷風は最も好きな作家の一人であり、シュリーマンも大変好きな好古家、後の考古学者で、両者の作品・著作・伝記などをかなり読んでいることによるものでしょう。

ヒュースケンが斬殺された1861年当時からいまもすこしも変わっていないばかりか、ますます激しさ、残虐さが増すのはテロ行為です。荷風が寺を訪れた1937年頃も、満州事変が起こってから、世に頻々として暗殺が行われはじめた時期でした。現在はそれがますます国際化、無差別化しているのです。

ときの忘れもの18

日本料理のルーツ探索、100年前のいま

陶芸家と日本料理人の墓が同居する善養寺

あるよく晴れた春の彼岸の中日、巣鴨にある善養寺という古い寺を訪ねました。目的は書画・陶芸家として著者の最も敬愛する尾形乾山の墓に参って、香花を捧げるためでした。

乾山は寛文3年(1663)、尾形光琳の弟として京都の豪商の家に生まれました。芸術を深く愛好する父親の影響を受けて、芸術的な感性を養い、37歳の時、京都鳴滝泉谷《なるたきいずみだに》に窯を開いて格調の高い書画・陶芸家

としてその天稟《てんぴん》を花開かせました。享保16年（1731）、69歳になって江戸に下向し、没するまでほとんど江戸で作画・作陶、芸術三昧の生涯を送りました。そして、寛保3年（1743）、大芸術家、尾形乾山は81歳で、

うきこともうれしき折も過ぬれば
ただあけくれの夢ばかりなる

という辞世の歌を残してこの世を去りました。この歌が墓石に刻されているのです。

いまでも何年かに一回思い立って善養寺を訪ねるのは、自らの生涯を放逸無慙といい放ってこの世を去った、わが愛する乾山の芸術三昧の生涯への憧れと、ストレス多く夜寝つきの悪い時などにこの歌を何十回となく唱えると精神安定剤の役を果たすという実益もあるからです。

「ときの忘れもの 18」の主題は「日本料理のルーツ探索」であり、尾

形乾山とは関係ないようですが、懐石料理を盛りつける〝向こうづけ〟などの器は天下一品、芸術品として珍重されていますので、大いに関係あるともいえましょう。

20年ほど前に、たまたま善養寺を訪れ、乾山の墓に詣でた後、なんとはなしに、その奥のほうを散策していたところ変わった墓が目にとまったことから、この〝ルーツ探索〟がはじまったのです。

徳川幕府用達の日本料理師範

その墓のかたちなどはごく普通のもので、特に変わったところはありません。墓石の正面の墓標は、「日本料理師範家十代目　石井御水子之墓」となっています。

しかし、同じ面には包丁と魚の鱗落としらしい道具が斜めに交叉させて彫ってあり、それがじつに洒落たデザインなのです。とたんに好奇心が湧いてきたので左側面をみますと、次のようにあります。

日本料理師範徳川幕府用達、町料理人頭取、明治之後期宮内省大膳職

包丁師範割烹学校創立顧問、日本料理法大全著者、八代目石井治兵衛の孫、
父者九代目石井泰次郎、母者サキ「神奈川森氏女」山室山上結婚

また、右側面には、

野山子守宮参詣同七年五月末病
臥九月十四日ミマカリヌ　十六才
秋光院御水信女　後年十代目ヲ送ル
母ノ乞ニヨリ筆ヲトリ　石井泰次郎記

と刻してあり、ますます興味をそそられ調べてみました。

当然ながら日本料理のルーツはすでに料理研究家によって十分調べられており、文献もあることがわかりました。しかし、研究家や料理学校の先生ならいざしらず一般にはほとんど知られていないので、墓石からはじまった筆者の探索過程を書くのもまったく無意味でもないだろうと思った次第です。一流といわれる日本料理屋の板前でもあまり知らない

包丁と鱗落としが刻まれた墓石

ことは確かです。

徳川将軍家料理番の家系

石井家は代々、徳川将軍家の料理番で四条流家元を継ぐ家柄でしたが、九代目泰次郎とその妻サキの間には一人娘、御水子しかいなかったので、最初は彼女を十代目として家元を継がせたのかと思いました。しかし、墓石右面の記述に、彼女が16歳にして亡くなり、後年になって父親泰次郎が母親の乞いによって十代目家元の呼称を送ったことを記したとあります。したがって、四条流家元としての石井家は実質九代目で断絶したことになります。

ここで疑問となるのは、九代目泰次郎は娘の死後も生きていたわけでありますが、では、いつまで家元として料理人をやっていたのか、ということです。その後の探索でわかったことは、八代目石井治兵衛は明治天皇の料理番として勤めた後、息子の泰次郎にその職を譲りました。しかし、泰次郎は病弱であったためにその重責をまっとうすることができず、弟子の緑川氏に日本料理をまかせて宮内省を辞めてしまいました。その後の緑川氏の動静については不明です。

一方、天皇家の料理番は、代々高橋家の世襲であったところ、明治天皇の東京遷都の際、当時の高橋家当主が病弱であったので天皇の料理番が務まらず、徳川将軍家の〝料理人頭取〟の八代目石井治兵衛が職を引き継いだのです。その時に、高橋家に伝わる料理に関する古文書のすべてを石井家に譲ってしまったとのことです。

その後、高橋家の子孫はまったく絶えました。もともと、四条流の総元締めは高橋家で、石井家も高橋家に入門して免許を得ていました。したがって、天皇家の料理番のほうがやはり将軍家の料理番より偉かったようです。

ただし、明治維新前までは、徳川将軍家の料理番は全国大名家料理番の総大将として威張っていたようです。

石井家の代々の当主は、
初代　石井治兵衛　延宝―宝永

二代　〃　元禄─明和
三代　〃　正徳─安永
四代　〃　寛保─文化
五代　〃　寛政─天保
六代　〃　文化─明治
七代　〃　天保─嘉永
八代　〃　弘化─大正
九代　石井泰次郎　明治─昭和

泰次郎の母は、やはり料理師範家の女、ミスでした。ちなみに、初代の治兵衛の生きた延宝─宝永は１６７３年から１７１０年までの間です。

１１００年さかのぼる日本料理のルーツ、天皇家の料理人

明治になって、料理古文書すべてが高橋家から石井家に移ったわけですが、岩波書店『国書総目録』全８巻（日本にある明治までの書物の名前を網羅したもの）によると、料理に関する書物５０８冊の内１５８冊

を九代目石井泰次郎が所有していたとのことです。これは「石泰文庫《いしたい》（魚菜文庫）」と呼ばれており、現在、東京都目黒区自由が丘にある田村魚菜学園の所有になっているそうです。

なお、墓石の左側面に刻まれているとおり、八代目は『日本料理法大全』を著し、九代目はこれを校正しています。昭和45年5月、『続日本料理法大全』が出ています。初版の『日本料理法大全』は明治31年の出版であり、徳川時代から明治30年頃まで行われた料理法です。著者の肩書は、宮内省大膳職包丁師範となっています。

また、泰次郎は大正12年に『日本料理法大成』を出しています。その「第一篇、日本料理の系統」には、料理名家のルーツをたどった詳しい系図などが書かれています。これによると、代々天皇家の料理人、高橋氏は、記紀の伝える第12代、景行天皇（皇子日本武尊《やまとたけるのみこと》に九州の熊襲《くまそ》や東国の蝦夷《えみし》を討たせ、大和朝廷の統一を進めた。『新世紀ビジュアル大辞典』）の時代までさかのぼるそうです。『日本書紀』巻第七に、高橋氏の祖である「磐鹿六鴈命《いわかむつかりのみこと》」が料理大膳職を賜ったことが記されているので、どうやら日本料理の元祖は「磐鹿六鴈命」ということらしいのです。

高橋家の宮中料理に対して、臣下の料理あるいは大名の料理が四条流ということになっています。その系統のルーツは、時代がずっと下って西暦８８４─８８７年（元慶─仁和）、光孝天皇の御代、料理中興の始祖といわれる中納言従三位、藤原朝臣山陰《やまかげ》卿で、大変料理好きの光孝天皇と親しかったようです。

光孝天皇の歌「君がため春の野にいでてわかなつむ、我衣手に雪はふりつつ」は特に有名です。山陰卿は天皇の行幸にも随行したほど信任が厚かったそうです。この中納言山陰卿は、のちにどういうわけか四条山陰と呼ばれ、その料理法が臣下に伝えられることになりました。したがって、料理名人、藤原山陰卿を四条中納言とも呼び、後世、四条流の祖といわれるようになったそうです。

近年の「めかぶ」、ねばねばブームのルーツ

ふとしたことから日本料理のルーツを知りたくなって調べはじめては

みたものの、食することは人一倍好きなのですが、料理の心得もまったくない素人にとってはあまりに懐が深過ぎるうえ、多くの研究家によってすでに詳細に調べられているようなので、このへんで諦めることにしました。

せっかくなので料理名家のルーツのことばかりでなく、料理そのものについて一例だけ紹介しておきます。

『日本料理法大全』を、何も考えずにエイヤとばかり開けたところが219頁、そこで目についたばかりでなく、とても旨そうでしかも簡単なので自分でもつくって食べたくなったのが「め」の部の〝めかぶめし〟でした。

「めかぶめし（若布株飯）めし（飯）は常のようにたいて、わかめのねかぶ（根株）の砂をよく洗って、煮え湯をかけてから、みじんにたたき、こまかにする。鯛のさしみなどを混合して、これを共に醬油酒にひたしておき、めしを椀によそう時、よくかきまぜ、めしにもりまぜる。味わい淡白で上品である」

この〝めかぶ〟のことを書いて数週間経ったある朝、NHKテレビを見るとはなしに見ていたら、なんと〝めかぶ〟料理の紹介と料理人による実演をやっているではないですか。それと同時に、大学の先生が出てきて、その〝めかぶ〟が健康食品としていかに優れものであるかについて詳しく説明していました。料理方法よりも興味をひいたのは、その効能の凄さです。

筆者は、健康食品あるいはビタミンなどについて結構詳しいつもりであり、世の中にあまりにいい加減なものが出まわっていることもあって、簡単にはその能書きを信じないほうです。しかし、本件についてはすぐに信じたくなったわけです。その内容を、簡単に説明しておきましょう。

〝めかぶ〟をみじんにたたいて細かくすると、ねばねばが出る。そのねばねばのなかに、アルギン酸が含まれており、それが塩分、コレステロールを除去し、排出する働きをします。また、フコイダンという成分も含まれており、これが、脳梗塞の原因となる血管のなかにできた血栓を溶かす機能を持っているプラスミンという物質の働きを活性化させるそうなのです。三つ目は、そのフコイダンが、ガンを攻撃するナチュラルキラー細胞を活性化させる働きをするそうです。これによって、特に大腸ガンを治す効能があるということです。

ただし、このことは、単にマウスによる実験の結果で証明されたのみだということです。その実験は重さ2・6グラムの腫瘍を発生させたマウス10匹にフコイダンを投与したところ、40日後に腫瘍の大きさが平均0・9グラムに縮小しただけでなく、10匹中5匹は腫瘍が消滅した。一方、フコイダンを与えなかった10匹のマウスは腫瘍の大きさは変わらず、消滅したマウスはゼロ匹であったということです。

以上のように、〝めかぶ〟に、ダイエット効果、脳梗塞予防効果、そしてガンの治癒効果があるということは、本当なら驚くべきことです。

このテレビ番組を見た人は大勢いると思われ、早速、スーパーへ走った主婦も多いと想像されます。一時的にあるいはしばらくの間、〝めかぶ〟が品切れになる店が多くなったのではないでしょうか。

なお、平安時代、10世紀の初期、延喜年間に醍醐《だいご》天皇の命で編纂された『延喜式』[*1]には、全国各地からもたらされた産物の数量が国別、物品別に記載されています。

例えば、『延喜式』の「巻二十三、民部、下」をみると、出雲国、石見国、紀伊国、阿波国などから海藻根（ねかぶ）が、10斤単位で献上されたことが記されています。物品としては、砂金、白絹、紫草、鹿皮、海鼠腸《このわた》、木綿、熊皮、漆、鹿角、猪脂、昆布、その他各地の特産品が並んでいます。『延喜式』に記載されているところをみると、〝ねかぶ〟は、海藻をとった後の商品にならない廃棄物かと思っていたのに、ずっと昔から貴重なものであったことがわかります。

それは、美味な食材としてなのか薬効からなのかはわかりません。いや、両方ではないでしょうか。

*1 『延喜式』
律令国家の式のうち完全に現存する唯一の法典。全50巻。

日本の食文化の豊かさ、美しさ

日本料理のルーツをバック・トゥ・ザ・フューチャーしてみますと、1000年以上続く、洗練された日本の文化と伝統としての食の豊かさと、近代化に伴う文化の劣化傾向がわかります。日本人の食生活は戦後アメリカ渡来のファストフードとライフスタイルに大きく影響を受け、マクドナルド化による食文化の単一化と、防腐剤、添加剤などによる国民の健康への悪影響を痛感させられます。日本人本来の味覚の繊細さも次第に失われてきているようです。

しかし、食材の季節ごとの多様性、料理の美しさ、料理法の健康上の科学的合理性は誇るべき日本文化の一つであることは、近年ようやく世界が認めつつあることです。外来の文明への〝適応〟から日本人本来の食の大切さへの回帰の傾向は好ましいことです。

同じように食文化が豊かなイタリアでは、ファストフードに対抗してスローフード運動が起こり、北イタリアのトリノには美食科学大学（University of Gastronomic Science）ができています。世界の食文化を守るという理念だそうです。筆者も4年前にその大学を訪れ、感銘を受けました。

ときの忘れもの19

被爆、続いて〝沈黙の春〟、73年前のいま

──映画『この世界の片隅に』の時代考証

映画を観て覚えた違和感

２０１６年11月公開のアニメ映画『この世界の片隅に』が大ヒットしてロングラン上映中のところ、友人にすすめられて観にいきました。時代は太平洋戦争の戦況がいよいよ厳しくなって最終段階を迎えた昭和20年前後。

戦艦大和など多数の軍艦を建造していた日本海軍の要衝の造船所があり、激しい空襲にあった呉市における大人や子供たち、そして、原爆が

投下された広島の市内における友の話です。映画を観たところ、ロングランでヒットしているのはうなずけます。あれから70年以上過ぎたいまでも涙を誘う良い映画でした。

筆者は、映画の主人公「すず」が生まれ育った広島市内江波《えば》町の、天満川を挟んで対岸の観音町に住んでいて被爆しました。そのため、余計に感動しました。しかし、一方で大きな違和感を持ちました。ドラマの内容ではありません。アニメの映像のことです。

観客の99・9％の人は気がつかなかったかもしれません。それも無理はないことでしょう。何かといいますと、映像のなかに描かれている生物の種類と数があまりに少ないことです。異様に感じました。人間ドラマだから仕方ないといわれるかもしれません。

被爆後に感じた生き物の世界の豊かさ、多様さ

筆者は7歳の時に被爆したのですが、空襲や原爆の前から17歳まで（1944―1956）、広島市内で過ごした経験では、市内でも、いま

にして思えば、生き物にあふれていました。原爆投下の直後には、70年間は草も生えないという風評が飛び交っていましたが、季節に応じてじつに豊かで多様な生き物がいました。半端ではないのです。

トンボ、蟬、蜂、カミキリムシ、バッタ、蟻、黄金虫、蝶、小鳥、鳶《とび》、蝙蝠《こうもり》、蛙、カタツムリ、蛇、トカゲ、ヤモリ、これらの生き物の種類まで挙げればきりがありません。小川のフナ、メダカ、ハヤそして海に近い天満川の干潮時の砂浜には絨毯を敷き詰めたような小さな蟹の大群、砂を5センチ掘ればアサリがザクザク、ハマグリもマテ貝も、誰でも獲っていいのですが、家族で食べる分だけしか獲りません。潮が満ちてくるとクルマエビ、渡り蟹が寄ってきます。ハゼ、ゴリ、チヌ（黒鯛）、コノシロ（こはだ）、コチ、ボラ、サヨリなど多種多様な瀬戸内海の魚が子供でも釣れるのです。

天満川の干満を利用した立網漁が、江波町の漁師によって1年に数回の大潮の時に行われます。立網漁とは干潮時の干潟の水際の広範囲に半円形に、6メートルくらいの長さの竹竿を約3メートルおきに立て、竹竿の間の砂のなかに網を埋めます。満潮になり、海からたくさんの魚が天満川をさかのぼってきて、立網で囲った範囲に入ってきますと漁師は船でやってきて網を引き揚げ固定し、魚が網の外に逃げないようにします。次の干潮時には、網で囲まれた範囲内の魚は逃げ場がなくなります。砂浜でバタバタするか残った水たまりに群れて入っています。

漁師が竹竿を立てはじめるのを見届けると、次の干潮の時刻（早朝、午前3時とか4時）を見計らって、悪ガキたちと夜陰に紛れて魚をつかみ取りに行きます。漁師が水揚げするのはその日の午後になります。見回りの漁師に見つかると追いかけられますが、俊敏な少年たちですから捕まった経験はありません。

生き物と戯れる楽しさ

夏の夕暮れ、夕焼け時になると、蝙蝠の大群が舞います。釣り竿で叩き落として遊びました。そして、燕がさえずり、飛び交い、害虫を食べ、ひばりは春を告げ空高く舞い上がります。夏になると、毎日のように天満川で泳ぎます。近くの蓮池でガウォン、ガウォンと鳴いている食用蛙は、カボチャの花の芯を餌にして釣ります。ヤンマは5種類くらいいました。麦わらトンボ、シオカラトンボ、赤とんぼはいうまでもありません。胴体が黄緑の雌のヤンマを網で捕まえて短い竹の枝先に長い糸でつないで〝トーロリ〟といいながら円を描いて空中を泳がせます。すると不思議なことにどこからか胴体が空色の雄が現れて、囮《おとり》の雌と交尾をします。すかさず網で捕まえます。

その他の遊びとしてはけん玉、ビー玉、メンコ、パチンコなどです。パチンコはみんな手造りで小鳥を打ち落とします。スズメが軒下に生んだ卵を盗んで目玉焼きにして食べます。けん玉遊びに飽きると、玉をホッケーのボール代わりにし、スティックは、無花果《いちじく》の枝でつくります。枝の太さと根元の曲がり具合がよいところを切るのです。

将棋も盛んでした。また、広島はその当時、サッカー王国といわれていました。中学校ではクラスに一つずつサッカーボールが支給され、昼休みのグランドはサッカーをする子だらけでした。

冬は寒くて雪が積もり、軒にはツララが伸びます。長さ40センチメートルくらいのものを取ってチャンバラです。いまは、ほとんど雪は降りませんし、ツララも下がりません。ずいぶんと温暖化していることが体感できます。

被爆直後の自給自足

楽しいことばかりではありません。原爆投下後に同居していた母の実家では、ビルマ戦線から復員した祖父が近くにある450坪の土地を耕し、陸稲、大麦小麦、各種野菜を自家用につくっていました。その手伝いです。肥料は汲み取りによる下肥です。窒素、リン肥料です。家の汲み取り口で、二つの肥桶に入れて天秤棒で畑まで運ぶのです。子供ですから桶に入れる量を減らしてもらっても、バランスを崩すとポチャポチャと糞尿が飛び散ります。

11月末になると、麦の苗を植えますが、しばらくして、雪が降るなかでわらじを履いて麦踏みをします。苗の分蘖《ぶんけつ》を促進するためです。ゴマも栽培します。夏になると人差し指くらいの真っ黒い芋虫がつき葉っぱを食べるので、割り箸でつまんで取り除き足で潰します。嫌いな作業でした。

麦の穫り入れ時には麦刈りと足踏み式の機械による麦漕ぎ、麦わらの移動、堆積も手伝わされます。麦漕ぎは得意でした。汗と麦の穂の破片が肌に刺さりチクチクして不快です。手伝ってつくった野菜の種類は、つくらなかった外来種の名を挙げたほうがずっと早いほどで、ブロッコリーとかレタスなど。動物は鶏、山羊、ウサギ、犬を飼っていました。世話は子供の役割です。鶏には、卵の殻にカルシウム分を与えるために貝殻を金槌で潰して与えました。

急速な復興と経済成長の代償の大きさ、〝沈黙の春〟を実感

成人して九州の大学に行き就職して広島を離れました。そして、日本は戦後復興と高度経済成長期に入ります。大学のある北九州には製鉄所や化学工場などがあり、スズメは、ばい煙で黒く汚れていました。煙突

からは硫黄酸化物が脱硫設備もなく排出され、空気は硫黄の匂いがしました。それを、経済発展のシンボルとして市民はみていました。

一方、広島です。夏休みなどに実家に帰省すると、ＤＤＴなど合成化学物質（殺虫剤）で農地の生き物は死に絶え、まさに『沈黙の春』[*1]を実感しました。当時は公害のことなどまったく無知でした。急速な工業化で工場排水や廃棄物で汚染された天満川は遊泳禁止になり、釣りもできず、畑は宅地化が急速に進み、小川は下水道としてコンクリートで固められ、自生していた香りのいいミントなども雑草として刈り取られ、樹木は伐採されてしまって、あれほど豊かだった多様な生物がまったくといってよいほど消滅してしまいました。

街は住宅とビルと車だらけ。ＤＤＴといえば小学生の頃、虱《しらみ》やノミを駆除するため頭から何度も振りかけられました。しかし、ノミには悩まされました。ノミとりは誰にも負けないくらい上手でした。人差し指に唾をつけて取り押さえ、両手の親指の爪で潰します。筆者の動体視力はノミとりで養われたのかもしれません。免許証更新時のテストで、検査

*1 『沈黙の春』
レイチェル・カーソン『沈黙の春』（青樹簗一訳、新潮社、1964）

官から貴方の動体視力は40歳相当だとびっくりされました。

73年前にバック・トゥ・ザ・フューチャーしますと、高度経済成長による便利で快適な〝近代的〟生活に対して支払った代償がいかに大きかったかということが、いまさらながら実感できます。原爆による被害もさることながら、戦後の近代化による生態系・生物多様性の消滅、大気・水質・土壌など環境汚染、風土、ライフスタイルなど失われたものの価値を評価したら莫大なものになりましょう。

映画は、戦争の悲惨さを事実に基づいて感動的に描いています。しかし、その悲惨さと対照的な生き物の多様さ豊かさを描いてくれていたら、もっともっと素晴らしい映画になっていたと思うとすこし残念な気がします。

監督と脚本を書いた人、そしてアニメを描いた人たちが、戦後の経済発展によって自然生態系が劣化、消滅してしまった段階で生まれ育った年代の人たちであれば、多様な生き物と遊び戯れたことがないわけです。経済成長と環境破壊について問題意識がなくても、それは致し方ないことでしょう。しかし、時代劇映画では時代考証が大変重要です。そうすれば、この映画は環境教育にも使えることになったでしょう。

やはり、バック・トゥ・ザ・フューチャーです。「過去」は大切なのです。「未来」のために。

ときの忘れもの20

千秋楽と末央柳《びょうやなぎ》

千秋・万歳・長楽・未央……永続祈願

千秋楽といえば、相撲や歌舞伎あるいは演劇の興行期間の最終公演日という意味は誰でも知っています。略して楽日あるいは楽ともいわれます。物事の最後の日という時にも使われるようです。

謡曲では、婚礼の席などで謡われる有名な曲「高砂」の終わりの部分に「千秋楽は民を撫で、万歳楽には命を延ぶ。……」とあります。千秋楽は千穐楽とも書かれます。江戸時代に芝居小屋などがたびたび火事に見舞われたため、火を忌み嫌い、〝秋〟という字に火がついているから縁起が悪いということで〝穐〟と書いたそうで、いまでも使われるようです。

千秋楽の語源は、雅楽の演奏で最後には祝言の意味から必ず「千秋楽」という曲を演奏したことだといいます。

しかし、筆者が知る限りでは、千秋楽の語源は、いまから約２２００年前にさかのぼります。中国は前漢の初代皇帝、高祖劉邦（在位、紀元前２０２年２月28日―紀元前１９５年６月１日）の時代です。劉邦といえば、中国史で『三国志』に次ぐ戦国ロマン『項羽と劉邦』で、映画化、漫画化もされ、日本では有名です。彼は悪政で万民を苦しめる秦王朝を項羽とともに倒して民衆を救った英雄でした。前漢の都は長安、現在の陝西省《せんせい》西安に置かれました。劉邦は長安の都、龍首山に未央宮《びおうきゅう》と呼ばれる宮殿をつくりました。

この未央宮の遺跡発掘調査が１９８０年代に行われました。その時みつかった屋根瓦（鬼瓦）の表面に描かれた文字に筆者が興味を持ったの

千秋　長楽
萬歳　未央

未央宮の屋根瓦の文字

未央柳

が22年前のことです。その瓦は、京都国立博物館に展示されていたものです。さっそく手帳にその文字と図柄をメモしておきました（上図）。

日本で庭先に咲き乱れる未央柳

その後ふとそれを思い出し気がついたのが、初夏の頃に、近所のあちこちの庭先や玄関先に咲き乱れる黄色い花、未央柳《びょうやなぎ》です。「千秋・萬歳・長楽・未央」。どうやら劉邦がつくった宮殿に咲き乱れていた花が未央柳と名づけられたということではないでしょうか。花の図鑑などにも、未央柳は中国原産と書いてあります。それ以上のことは書いてありません。

しかし、未央とは何を意味するのでしょう。未だ央《なかば》と読んでみましょう。そうするとすべてが理解できます。劉邦が築いた王朝が〝長く続いて、千秋（千年）も万歳（万年）も経ったとしても、楽（終わり）までは未だ央（半ば）に過ぎない〟という末永い王朝として繁栄してほしいという願望を込めて宮殿の鬼瓦に描かれたのではないでしょうか。

ちなみに、未央宮はその後の戦乱で廃墟になりましたが、約950年経った8世紀、やはり長安を都とした唐の第6代玄宗皇帝が造営し、楊貴妃とともに住んだということです。

詩人の白居易が『長恨歌』のなかで「太液《たいえき》の芙蓉、未央の柳」と詠んで楊貴妃の美しさを称えたと伝えられています。〝太液〟とは未央宮の北にあった池のこと、芙蓉は蓮の花のことで、美人の顔に例えたものとされています。

日本で芙蓉といえば、真夏に咲く薄いピンクの花でよく庭先に見かける花木ですが、それは蓮ではありません。芙蓉の一種に酔芙蓉というのがあります。朝、つぼみが開きはじめる頃はまっ白ですが、午後夕方近くなってくると次第にピンクになって、日が暮れる頃になると濃いピンクになって萎みます。このことから、白い肌の楊貴妃が夕方、玄宗皇帝とともに酒を飲みはじめると次第にほんのりとピンクになっていく様を酔芙蓉に例え、皇帝がその美しさにますます惚れたといわれています。

中国では、もともと蓮のことを芙蓉というのか、筆者にはわかりませんが、日本の各地で酔芙蓉をよく目にする機会があります。

なお、北京に建てられた未央宮は、唐からまた時が下り、明の時代には啓祥宮、清朝末期には太極殿と呼ばれるようになりました。

それにしても、この千秋万歳長楽未央の8文字をとってみても中国の文化が日本の文化に大きな影響を与えていることを感じるのです。千秋楽、一日千秋の思い、天皇陛下万歳、長楽椿（椿の一品種）、未央柳。おめでたい言葉ではあります。

2200年前のいまにバック・トゥ・ザ・フューチャー

古来、いつの世も、皇帝、王様あるいは一国の宰相も高位高官も農民も商人も、そして一般庶民もみなひとしく「千秋・萬歳・長楽・未央」を望むものではないでしょうか。

しかし、現実は国を治めるリーダーが創造的資質と能力を持った人の場合は繁栄し安定していますが、時が経つにしたがっていつしかリーダーの創造性を失い、資質が劣化して他国との戦争や、権力争いによって国は乱れ、崩壊に向かいます。栄枯盛衰は世の常ともいいます。『平家物語』の冒頭は誰でもご存知のこのくだりです。「祇園精舎の鐘の声、諸行無常の響きあり、沙羅双樹の花の色、盛者必衰のことわりをあらわす。おごれる人も久しからず、只春の世の夢のごとし。猛きものも遂にはほろびぬ、偏《ひとえ》に風の前の塵に同じ」

盛者必衰だからこそ、みなが千年も万年も平和と繁栄が持続することを願ったのでしょう。

比較文明・歴史学者のアーノルド・トインビーも、古代から近現代までの世界の歴史の諸例を分析・研究して、盛者必衰の原因を示してくれています。

天下を繁栄させ、文明を築いた「創造的支配者」がその創造力を失い、傲慢な独裁者になって法外なことをはじめると、その結果として破滅にいたるか、そうでなければ、支配的少数者が大衆迎合主義いわゆるポピュリズムに陥って衰退していきます。このことをトインビーは、三幕物のギリシャ悲劇のお決まりの、コロス（成功による慢心）・ヒューブリス（傲慢な行い）・アテー（破滅）というパターンで説明しています。

一つの文明、国家、組織あるいは企業が持続的に繁栄するためには、なんといってもリーダーとして創造的少数者が必要で、その条件は「歴史観」、「死生観」そして「倫理観」の三つではないでしょうか。

1万年前からバック・トゥ・ザ・フューチャー

――ホモサピエンスの生命と環境

生物の本来・適応・自己解体プログラム

情報環境学者、仁科《にしな》エミ（放送大学教授）は、地球生命と環境との関係について次ページ図のような「本来・適応・自己解体」モデルを用いて次のように説明しています。

「地球生命は、その種が進化的適応を遂げた環境の構造に適合した活性を持つ遺伝子を構成し、その種の誕生した環境と、鍵と鍵穴のようにぴったり合った活性を初期設定として発現している。このような〝本来〟

環境の「本来・適応・自己解体」モデル

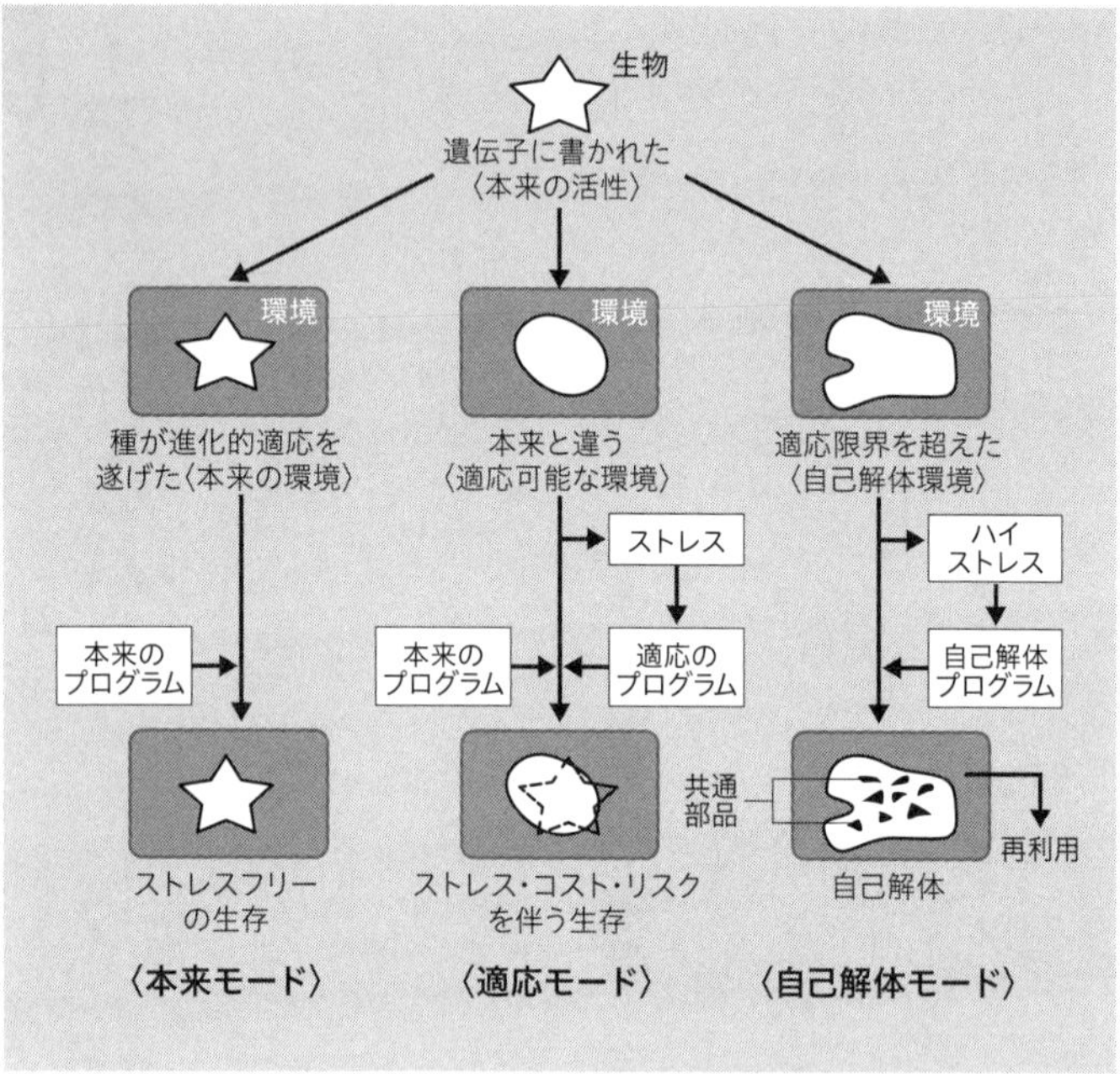

仁科エミ『文明の病理と本来・適応・自己解体』（岩波書店HPより）
（『科学』岩波書店、2013年3月号、p.304）より

の環境では生まれつき発現している遺伝子だけでストレス・フリーに生きていくことができる。（人間でいうと）この時の基幹脳の活性は最も適正となり、健康で快適な生存が実現する。それに対して、生命の棲む環境がその〝本来〟の環境とずれている時には、さまざまな不適応が生じる。その場合、初期設定とは異なる遺伝子発現を行い、活性を顕わすことによってその不適合を補い、生存を図ることになる。これが〈適応〉である。環境不適合による〈ストレス〉が引き金を引いて、〝適応〟のための遺伝子発現スイッチを入れる[*1]」

ホモサピエンスについて生命と環境に

＊1　環境の「本来・適応・自己解体」モデル
『科学』（岩波書店、2013年3月号、p. 304）

関する仁科モデルを当てはめてみましょう。

自然人類学者、尾本恵市教授によると、「人類学の立場から見ると現生人類の歴史上、約1万年前までは全員が狩猟採集民族であった」ということです。当時の人口は500万～800万人といわれています。

したがって、現生人類が「進化的適応を遂げた本来の環境」とは1万年前まで棲んでいた森林のなかでした。彼らは、森林のなかの環境で「本来プログラム」が設定され「本来モード」でストレス・フリーに生存していたわけです。

狩猟採集を行っていた人たちの一部は、森を出て、農業をはじめて以降、文明が〝進歩〟して人口も爆発的に増え、現在にいたるまで気候も含めて生活環境も激変してしまいました。その間に、「本来の環境で書かれた遺伝子活性は、環境の変化のたびに本来とは違う環境にストレス、コストそしてリスクを伴いながら適応を強いられてきた。動物の情動と感性は本来の棲み場所や行動が本来かつ最適であるほど快感が高く、不快感は低い。新しい環境に適応を迫られ適応度合が高まるにつれて快感が低下して不快感が高まるように設定されていると考えられる」と仁科教授はいいます。

現代文明の病理とその原因

現生人類は本来の環境である森から出て現代の〝高度〟な文明を築きました。しかしわたしたちはいま、情報が渦巻き、ますますグローバル化が進む世界を支配する経済・社会システムのなかでストレスに苛まれ極度に不快感に耐え、リスクを冒しながら必死に適応して生きています。しかし、それもどうやら〝適応限界〟にきて、〝自己解体〟のリスクに直面しているのではないでしょうか。

それを感じさせる世界の文明社会における事例や現象が多く現れてきています。世界各地で蔓延する対立、紛争、自然破壊、環境汚染、気候変動、都市の超過密化、不平等・格差、難民の大移動、精神的不調、うつ病、自殺、暴力、凶悪犯罪、薬物依存など、〝不都合な真実〟あるいは現代文明の病理というべきことにあふれています。

現代世界は、人間にとってあらゆる側面で適応限界に近づいているように思えます。このまま推移すると「生命と環境の不適合」が著しくなり、「適応モード」から、ついには「自己解体プログラム」にスイッチが入る恐れがあります。

科学・技術が高度に〝進歩〟した現代文明の数々の〝病理〟の根源は経済成長至上主義であり、それがいまや〝宗教〟として世界を支配しています。[*2]

*2
谷口正次『経済学が世界を殺す』(扶桑社、2017)

その〝宗教〟についてフランスの経済哲学者、セルジュ・ラトゥーシュ(1940―)は次のように説明します。

「近代人は頭の中に経済学のハンマーを埋め込まれている。わたしたちのあらゆる関心。あらゆる活動。あらゆる出来事は経済学のプリズムを通して捉えられている。経済学か経済学者によって、あるいは経済学主義によってつくられている経済学製のハンマーは、経済成長・経済発展・消費主義のイデオロギーである。つまり単一思考である。このような思想状況にどのようにして辿りついたのか、また、そこからどうすれば抜け出すことができるのかを理解する必要がある」。「大多数の人々にとって、経済成長のコストはその利益よりも既に高くつくようになっている。今日、社会的危機、文化の危機、倫理の危機、生態学的危機といったすべての危機が加速度的に蓄積して前代未聞の状況を創出している。〝ターボ資本主義〟の危機は文明の危機である」[*3]

人間中心の西洋合理主義文明の限界

ただひたすら消費を拡大する物質文明の副作用といえる地球環境問題、社会システムの矛盾、現代社会の病理、そして将来世代への負の遺産といったものは、「いずれ科学技術の進歩によってすべて解決される」という暗黙の期待に支えられています。「西洋的科学技術を通じた進歩がすべての問題を解決する。だから科学の進歩を加速させねばならない」と信じてきたのです。

西洋科学技術以外にも有効な方法があるにもかかわらず、「西洋科学

*3
セルジュ・ラトゥーシュ『〈脱成長〉は世界を変えられるか?』(中野佳裕訳、作品社、2013)

こそが発展プロセスのエンジンであるとして、それを認めようとしない頑なな西洋合理主義がいまだ世界の主流である」ことは人類の悲劇です。

西洋化されていない人々が自然とともに暮らすなかで得てきた文化や伝統的知識には、合理性があるということが証明されています。西洋科学を通じた進歩信仰は、非西洋の現在世代の人々を先祖や子孫から断絶させてしまいました。彼らは、自分たちの先祖は未開で、物質的に貧しく知識もなく、迷信に捉われた無教養な存在であると思わされました。

近代において他人との違いは、科学の洗練度や物質的豊かさの差に還元されてしまいました。物質と生命、思想と感性、技術革新と伝統は分断されてしまったのです。そして、かつて神々にあふれていた世界は、生気のない物質的世界にとって代わられてしまいました。

人々は「ストレスとリスク」に苛まれながら必死で適応しようとしていますが、「自己解体プログラム」にスイッチがいつ入ってもおかしくない状態ではないでしょうか。

それどころか、すでにスイッチが入り、自己解体に向かっている人たちがどんどん増えているように思えてなりません。

縄文時代1万年の永続性

先に述べましたように、1万年前まで森のなかで狩猟採集を基本としてストレス・フリーの生活をしていた人たちは、17世紀頃まで「汚らしくて、血なまぐさくて、飢えている」と一般的に思われていました。しかし、近年では人類史の圧倒的な部分を占める狩猟採集経済がいかに見事に環境と調和したものであったかが明らかにされました。

日本の縄文時代がその典型です。環境考古学者、安田喜憲によると「日本では縄文時代以降1万年以上にわたって受け継がれていった永続性の高い森の文化があり、豊かな森を核とする自然―人間循環系の地域システムが確立していた」ということです。

そして、当時の生態系は今日世界各地に生き残っている狩猟採集民が生活している地域に比べてはるかに生産力が高かったことがわかってきました。したがって、十分な食料を集めることが容易にできましたし、飢えることなどなく、ゆとりある生活をしており、遊びや祭祀に充てる時間はふんだんにあったようです。それは、近年の考古学の調査結果でも、南西アフリカのブッシュマンの生活がよく物語っているそうです。狩猟採集民は、自分たちが暮らす生態系の天然資源に過度な負担をかけないように人口を制御しようとまでしていたそうです。

前の氷河期から間氷期に入ってすでに約1万2000年経ちました。その間大きな気候変動がありました。しかし、狩猟採集民は環境の変化に賢く適応してきました。現代文明人はこれから予測される気候変動に適応できるのでしょうか。自然生態系を破壊し、生物多様性を消滅させ、そして自然と隔絶した都市の閉鎖空間のなかで限りなく便利な生活にすっかり慣れ、自然と離婚して人工的に特殊化した環境づくりを行い、そこにすっかり適応してしまっています。地球環境の大きな変化に適応するエネルギーはすでになくなっているのではないでしょうか。

モダニズム文明から生命文明へ

歴史学者トインビーは『歴史の研究』のなかで、現代西欧のある学者が行った人間界と人間以外の生物界における法則の比較研究を引用しています。

「環境に完全に適応した生物、その能力と生命力の全部を、いまここでうまく生きてゆくことに集中し、使い果たす動物は、根本的な変化が起きた場合に、その変化に応じる余力を全然もたない。時代を重ねるにしたがって、そういう動物は、ますます無駄なく、その全能力を当面の、慣習的な機会に合致させることができるようになる。最後には全然意識的な努力をしないで、また無駄な運動をせずに、生存に必要な一切の活動をすることができるようになる。しかし、その特殊な生活の場が変化したならば、絶滅しなければならない。気候条件が変化した。ところがこれらの種は、あるがままの事態に適応するために、生活力のたくわえをすっかり使いはたしてしまっていた。新たな適応ができず、そのために滅び去ったのである」

地球が間氷期の温暖で極めて安定した奇跡のような環境のなかで暮らしてきた〝進歩〟した近現代人、アメリカ化、グローバル化した消費拡大物質文明のなかで便利で豊かで快適な生活を追求し、都市という人工物に囲まれ、自然と隔離され、特殊化している人間界。地球温暖化という自ら招いた〝挑戦〟に、どのように〝応戦〟するのでしょうか。

一方で、前の氷河期が過ぎ1万年といわれる間氷期が、すでに1万2000年続いていることは先に述べました。古気候学者によると、過去40万年の気候変動のデータから、いつまた突然に寒冷化して氷河期に入ってもおかしくないということです。いずれの方向に行くにしても、地球環境の大きな変動は避けがたいようです。

しかし、危機意識を持っている人は少数派で、温暖化しようが寒冷化しようが、〝不都合な真実〟は、科学技術がすべて解決してくれるという不健康な楽観主義の人々が多数派です。そして、将来世代のことなどまったく無視しているのです。

もはや、300年続いたモダニズム文明の延長線上の進歩・発展ではなく、次なる文明、生命中心主義の文明への転換が急がれます。そのためには、〝適応〟から〝本来〟への回帰が必要です。〝適応限界〟を超える前に。それは、ほとんど欧米人によって未開人、野蛮人として絶滅させられたとはいえ、現在も世界に残る70万〜80万人といわれる狩猟採集民族の叡智に学ぶことではないでしょうか。彼らは、現代文明人が失った〝本来〟の人間性を保っているのです。

おわりに

現代社会は、過去にはつながっていた事物がずたずたに引き裂かれた断絶の時代です。

自然と人間、死と生、過去と未来、文化と文明、経済学と倫理学、科学技術とリベラル・アーツ、現在世代と将来世代、親と子、人と人、物と心、南と北、サプライチェーンの上流と下流……。インターネットとえげつないグローバリゼーションによって世界はつながっているかのようですが、過剰消費のための貿易による物流でつながっているだけで、実際は世界の生物多様性を破壊し、多様な文化を単一化しているだけです。

多様な食文化、多言語、多様な価値観を、西洋合理主義、いわゆるモダニズム文明が急速に破壊していっています。その元凶が新自由主義など主流派といわれる経済学です。いまや「経済学」という名の宗教が世界を支配しているのです。世界の人々は、ノーベル経済学賞受賞の経済学者ジョセフ・E・スティグリッツがいうように〝分断と対立を撒き散らす経済システムの罠〟に掛かって苦しみもがいています。ただひたすら、視界の前方にあると信じているが、じつは背後にある何も見えない真っ暗闇の「未来」を信じて、大切な「過去」を棄て去り、何の方向性も持たずにうごめいているのです。いまこそ、背後の未来から迫る時に過去（歴史）の光を投げかけ思考し、行動しなければならない時代になったと考えます。

「惣《そう》」という言葉があります。現在では、お惣菜という時に使います。それ以外に使われることを近年聞きません。惣菜はおかずのことを指し、本来なら自宅でいろいろな食材を使って心を込めて家族のためにつくるものであったはずですが、現在はデパートの地下やスーパーでお惣菜コーナーもでき、にぎわっています。しかし、大量生産され、大量に売れ残って廃棄されます。

辞書によると「惣」とは、「南北朝時代から室町時代に出現した村人の結合組織。戦乱から村を守り、農業を進めるために村のおきてをつくり、用水や入会地《いりあいち》の管理、年貢の減免など、村全体の意思や行動を決定した」とあります。

現代の大量生産・大量消費の効率化社会では、心を込めて物をつくることも、物を大切にする心も失われています。漢字の〝惣〟の物と心は断絶してしまいました。

過去にはつながっていた物と心をふたたびつなぎ合わせ、心のこもった〝ものづくり〟と、ものを大切にする〝ものづかい〟が、資源と環境の有限性に直面した人類最初の世代である21世紀の現在世代の責任ではないでしょうか。それが先に述べたような断絶の数々をふたたびつなぎ合わせることになるのではないかと考えます。

世界をいま支配している文明は危機に瀕しています。人口爆発、市場原理主義、金融資本主義、労働生産性至上主義、経済成長信仰、科学技術の暴走によって、モンスター化した軍産体制、巨大な格差、膨大な量になりまだ増え続ける資源消費、人類の生命維持装置としての自然の破壊と生態系・生物多様性の消滅、頻発しかつ凶暴化する気候変動、自然災害の増加、旱魃による水不足、地域紛争と難民の大移動など。過去には地域的なものであった不都合な真実がいまは地球規模になりました。

これらの危機的状況を打開する方策は、現在、宗教のように世界を支配している経済至上主義によって世界の隅々まで広がった断絶を徹底的につなぎ直す努力をすることと考えます。それは〝過去（歴史）〟を切り捨てるのではなく、賢く学び〝未来〟に光を投げかけることでしょう。仁科エミ教授の人類生存のモデルの「〝適応モード〟から、〝自己解体モード〟に向かう前に、本来モードに回帰」するためにも〝バック・トゥ・ザ・フューチャー〟が、現代人の喫緊の課題ではないでしょうか。

末筆ながら、東洋経済新報社の井坂康志さんには、筆者の世間の常識とは真逆の考えを忍耐強く理解することに努め、本書の上梓に漕ぎつけてくださったことに心から感謝申し上げたい。

2018年7月吉日

谷口正次

【著者紹介】

谷口正次（たにぐち　まさつぐ）

1938年東京都生まれ。日本唯一のフリーの資源・環境ジャーナリストとして執筆・講演活動を行う。NPO法人ものづくり生命文明機構副理事長、サステナビリティ日本フォーラム理事も務める。

1960年九州工業大学鉱山工学科卒業、同時に鉱山技術者として小野田セメント（現・太平洋セメント）入社。1996年専務取締役。循環型社会を目指して環境事業部を立ち上げ、産業廃棄物・一般廃棄物をセメント原・燃料とするなどの事業を推進。

2001年屋久島電工社長として、屋久島を水素社会にすることを計画するも挫折。1998～2008年国連大学にてゼロエミッション・フォーラム産業界代表理事として、地球環境問題に取り組む。2008年、資源・環境戦略設計事務所を設置。

2006～2009年国際日本文化研究センター共同研究員（テーマ：生命文明構築のために）、千葉商科大学大学院政策情報学研究学科客員教授（資源／環境論）、2014～2016年京都大学大学院経済学研究科特任教授として自然資本経営論を共同研究。

著書に『メタル・ウォーズ』、『自然資本経営のすすめ』（ともに東洋経済新報社）など。

懐かしい未来
オデッセイ思考

2018年9月6日発行

著　者――谷口正次
発行者――駒橋憲一
発行所――東洋経済新報社
〒103-8345　東京都中央区日本橋本石町1-2-1
電話＝東洋経済コールセンター　03(5605)7021
https://toyokeizai.net/

ＤＴＰ…………菱田編集企画事務所
装　丁…………冨澤崇（Ebranch）
編集協力………菱田秀則
編集担当………井坂康志
印刷・製本……藤原印刷
Printed in Japan　　ISBN 978-4-492-96153-7